JEAN-CLAUDE GUILLEBAUD

Jean-Claude Guillebaud a été journaliste (Prix Albert Londres en 1972), grand reporter à *Sud-Ouest*, au *Monde*, au *Nouvel Observateur* et chroniqueur à *La Vie*. Devenu éditeur, il fut directeur littéraire au Seuil pendant plus de trente ans, co-fondateur de la maison Arléa. Il est désormais directeur littéraire aux Arènes et à l'Iconoclaste. Auteur de nombreux ouvrages, il a récemment publié *La Vie vivante. Contre les nouveaux pudibonds* (Les Arènes), ainsi que *Je n'ai plus peur. Guillebaud, portrait intime* (L'Iconoclaste).

ÉVOLUTION

Des livres pour vous faciliter la vie !

Caroline et Joseph MESSINGER
Les Gestes de la confiance en soi
Maîtrise de soi, estime de soi, confiance en soi

Esther PEREL
L'Intelligence érotique
Faire (re)vivre le désir dans le couple

Richard David PRECHT
Vivre ensemble pour changer le monde
L'Art de ne pas être égoïste

Jacques SALOMÉ
À qui ferais-je de la peine si j'étais moi-même ?
Comment renoncer à nos autosaboteurs

Brenda SHOSHANNA
Vivre sans peur
Sept principes pour oser être soi

Nitya VARNES
Tous nés sous une bonne étoile
L'astrologie, une voie nouvelle du développement personnel

Jean-Claude GUILLEBAUD
Une autre vie est possible
Comment retrouver l'espérance

Robert NEUBURGER
Première séance
20 raisons d'entreprendre (ou non) une psychothérapie

Patricia SPADARO
Se respecter
Prendre soin de soi pour s'ouvrir à autrui

Marina Castañeda
Comprendre l'homosexualité

Une autre vie est possible

Jean-Claude Guillebaud

Une autre vie est possible

Comment retrouver l'espérance

L'Iconoclaste

FSC
www.fsc.org
MIXTE
Issu de sources responsables
FSC® C003309

Pocket, une marque d'Univers Poche,
est un éditeur qui s'engage pour
la préservation de son environnement
et qui utilise du papier fabriqué à partir
de bois provenant de forêts gérées
de manière responsable.

ISBN 978-2-266-24719-1

« Un monde sans espoir est irrespirable. »

André Malraux

« Mieux vaut allumer une bougie
Que maudire les ténèbres. »

Lao-tseu

Pour Catherine, bien sûr…

1

Renverser la montagne

J'aimerais trouver les mots, le ton, la force afin de dire pourquoi m'afflige décidément la désespérance contemporaine. Elle est un gaz toxique que nous respirons chaque jour. Et depuis longtemps. L'Europe en général et la France en particulier semblent devenues ses patries d'adoption. Elle est amplifiée, mécaniquement colportée par le barnum médiatique. Oui, mécaniquement. Par définition, le flux médiatique est un discours attristé, voire alarmé. Il s'habille en noir. Or la réalité n'est jamais aussi sombre. Elle est faite d'ombres et de lumières. Elle mêle le pire au meilleur. Partout. Toujours. À n'insister que sur les ombres, on pèche – et on ment – par omission. En toute bonne foi. Vieille question ! Cette insuffisance n'est pas facile à corriger. L'optimisme n'est plus « tendance » depuis longtemps. On lui préfère le catastrophisme déclamatoire ou la dérision revenue de tout, ce qui est la même chose. Se réfugier dans la raillerie revient à capituler en essayant de sauver la face. Après moi le déluge…

Cette culture de l'inespoir – avec ses poses et ses chichis – me semble aussi dangereuse que les idéologies volontaristes d'autrefois. Elle désigne le présent comme un répit, et l'avenir comme une menace. Elle se veut lucide, et même « raisonnable ». Qui croit encore aux lendemains qui chantent ? Pourquoi perdre son temps à rêver au futur ? Telle est la *doxa* (« ensemble des opinions communément admises ») du moment. Les affligés professionnels tiennent le haut du pavé et, de ce promontoire, toisent tout un chacun. Il est de bon ton de citer Arthur Schopenhauer, sa référence au « temps cyclique » et son (prétendu) pessimisme, ou encore Emil Cioran, auteur de *Sur les cimes du désespoir*. L'écrivain anglais Gilbert Keith Chesterton (1874-1936) n'avait pas tort de dire qu'il existait une « Église du pessimisme ».

Ajoutons que ce renoncement au goût de l'avenir peut devenir une injonction discrètement idéologique. En dissuadant les citoyens de trop penser au futur, elle les invite à s'accommoder du présent, c'est-à-dire de l'ordre établi. Elle promeut pour ce faire quantité de formules passe-partout qui sont devenues autant de slogans conservateurs. On se souvient du *There is no alternative*, « Il n'y a pas d'alternative », de Margaret Thatcher. Citons aussi l'inévitable « C'est plus compliqué que cela », qu'on oppose aux citoyens indignés par une injustice et révoltés par la prédation des virtuoses de la finance. Ou encore le « Face au chômage, on a tout essayé », exclamation malheureuse de François Mitterrand en 1993. Pendant plusieurs décennies, les élus de droite et de gauche auront tenu et conforté ce que l'économiste Jean-Paul Fitoussi appelle le discours de l'impuissance. À force d'insister sur les « contraintes », il aggrava la crise de la démocratie et jeta les citoyens dans une langueur dont nous ne sommes toujours pas guéris.

J'aimerais trouver les mots pour parler *autrement*... J'y pense presque chaque matin, à l'aube, quand je vois rosir le ciel au-dessus des toits de Paris ou monter la lumière derrière la forêt de la Braconne, chez moi, en Charente. L'espérance a beaucoup à voir avec le petit matin. Ou le mois d'avril. L'idée d'un commencement, d'une remise en route, d'une infatigable renaissance. L'appétit de l'avenir et l'énergie du matin sont vraiment le propre de l'homme. Nous sommes mus par le besoin d'un « en-avant » déterminé. Seul cet impératif nous dissuade de trop sacrifier à la nostalgie et aux tentations restauratrices qui lui font escorte. Je pense à cette petite voix qui nous souffle parfois à l'oreille : « C'était mieux avant, retournons en arrière. »

J'ajoute que la *petite fille espérance* que célébrait Charles Péguy n'est pas, loin s'en faut, l'apanage des juifs ou des chrétiens. C'est un athée résolu, marxiste non orthodoxe, Ernst Bloch, qui publia dans les années 1950 un maître livre en trois volumes, intitulé *Le Principe espérance*. Je m'en suis beaucoup nourri. Il y pointait le risque létal de ce que les Grecs appelaient la *heimarménè*, l'inéluctable destin d'un monde clos, c'est-à-dire sans projet ni dessein. Aujourd'hui, Bloch paraît oublié ou carrément contredit. Serions-nous condamnés à cette clôture de l'avenir ? Serait-ce là notre nouveau *fatum* (destin) ? Je ne m'y résous pas. Je sais qu'un monde ainsi borné ne serait pas durablement habitable.

Trouver les mots pour parler simplement d'espérance, cela implique – d'abord ! – de refuser la niaiserie. Je pense à celle du professeur Pangloss (« Tout est pour le mieux dans le meilleur des mondes possibles ») dont Voltaire se moque avec raison dans *Candide*. À travers Pangloss, Voltaire ironise sur la théodicée du philosophe et scientifique allemand Gottfried Wilhelm Leibniz. Le conte *Candide*, publié en 1759 – trente petites années avant la Révolution –, est d'ailleurs ironiquement sous-titré : *L'Optimisme*. Trouver les mots, c'est montrer que ni l'optimisme ni l'espérance n'équivalent à une sotte crédulité de ce genre. Quant à sa jumelle inversée, la désespérance, fût-elle talentueuse, elle n'est pas toujours aussi lucide qu'elle le prétend. Pour dire la vérité, elle l'est rarement et succombe le plus souvent à la futilité. Désespérer avec ostentation, sauf s'il s'agit de littérature, est un dandysme qui ne m'a jamais tenté. Où conduit-il ? Je garde en tête un vers de Goethe : « Le pessimiste se condamne à être spectateur. » Très peu pour moi.

Cherchant les mots et le ton, je relis l'admirable préface écrite par Bernanos à ses *Grands Cimetières sous la lune*. Quel rapport ? Dans ces pages rédigées en 1937, Bernanos adjure ses amis catholiques de désavouer les crimes commis par les soudards franquistes. Il les presse de condamner les évêques espagnols qui, toute honte bue, absolvent les assassins et bénissent les tanks de Francisco Franco Bahamonde. « La colère des imbéciles m'a toujours rempli de tristesse, mais aujourd'hui, elle m'épouvanterait plutôt. Le monde entier, ajoute Bernanos, retentit de cette colère. » Il écrit résolument contre les siens, contre toute facilité tribale et en bravant la bienséance catholique. Il cherche les mots pour renverser les montagnes. Il subira injures et moqueries venues de son propre camp. Il tiendra bon. C'est en cela qu'il est notre contemporain.

Théorisé, rabâché, valorisé, l'inespoir d'aujourd'hui est plus lourd qu'une montagne. Il pèse le poids d'une pierre tombale. L'époque nous inspire des idées de fatalité, ou de causes perdues. Jouissez vite du présent et n'attendez rien de l'avenir : on connaît la rengaine. Elle est mortifère. À ce discours désappointé, il faut opposer une parole plus robuste. Espérer ne consiste pas à rêvasser ni à se priver de je ne sais quelle jouissance immédiate. Si l'espérance concerne l'avenir, elle se vit au présent, un présent qu'elle éclaire et enrichit. Loin de « soustraire » quelque chose au bonheur immédiat – comme le répète depuis vingt ans le philosophe André Comte-Sponville –, elle lui ajoute une dimension. Et une saveur. Renoncer à l'espérance n'entraîne par conséquent aucun « bénéfice » en termes d'hédonisme. Si tel était le cas, alors les sociétés rassemblées autour d'un projet d'avenir et d'une espérance seraient moins heureuses que celles qui, n'espérant plus rien, se vouent à l'ébriété du présent.

L'absurdité du raisonnement saute aux yeux. On voit la mystification dont Comte-Sponville se fait, en toute bonne foi et avec un grand talent, le troubadour [1]. La sagesse grecque – hédoniste ou stoïcienne – procède par adaptation à un monde qu'elle renonce à transformer. Pourquoi tenterait-on de corriger une réalité cosmique qui redeviendra, fatalement, ce qu'elle fut ? Faire aujourd'hui retour à ce stoïcisme, c'est consentir à baisser les bras. Cela conduit à accepter docilement la « fin de l'histoire », pour reprendre l'expression hâtive par laquelle Francis Fukuyama prenait acte, en 1992, de l'effondrement du communisme [2]. C'est une lâcheté. Vingt ans après, qui soutiendrait encore que l'Histoire est « finie » ? Qui pourrait affirmer que le débat n'a plus lieu d'être ? Espérer, c'est refuser de s'en remettre à la fatalité. J'aime par-dessus tout un passage de la Torah (« livre des Psaumes ») qui nous invite à ne pas « abandonner le monde aux méchants ».

Mais attention ! Cet optimisme du projet que j'oppose ainsi à une « sagesse » trop docile ne doit pas devenir angélique, ou alors il devient une posture comme une autre. Bernanos, dans ses « Cimetières », se défie avec raison de la fausse béatitude de Pangloss : « L'optimisme, écrit-il, m'est toujours apparu comme l'alibi sournois des égoïstes, soucieux de dissimuler

1. Voir par exemple : André Comte-Sponville, *Le Bonheur désespérément*, Éd. Pleins Feux, 2000, rééd. J'ai lu, 2002.

2. Francis Fukuyama, *La Fin de l'histoire et le dernier homme*, Flammarion, 1992, rééd. Champs essais, 1993 et 2009.

leur chronique satisfaction d'eux-mêmes. » Plus tard, il sera plus violent encore en écrivant dans *La Liberté, pour quoi faire ?* : « L'optimisme est une fausse espérance à l'usage des lâches et des imbéciles. » Ne jouons surtout pas au ravi de la crèche ! Non, tout n'est pas pour le mieux dans le meilleur des mondes. Le désarroi et la souffrance partout présents en portent témoignage. C'est dire s'il faut peser ses mots quand on refuse le pessimisme contemporain. À bien des égards, il est justifié. Pas question de lui opposer un optimisme trop claironnant qui fermerait les yeux sur les périls.

Durant l'année 2011, dans le cadre d'un colloque à Strasbourg, je fus invité à commenter la fameuse exclamation du pape Jean-Paul II : « N'ayez pas peur ! » J'ai répondu que, prise au pied de la lettre, elle pouvait apparaître comme une fanfaronnade chrétienne. Il existe quantité de raisons d'avoir peur par les temps qui courent. Je vois bien la peur que ressentent les hommes et les femmes autour de moi. Je la respecte. Il m'arrive de l'éprouver moi-même. Elle est légitime. Je pense aux peuples de notre vieille Europe qui craignent le chômage de masse et la précarité, qui perçoivent autour d'eux une société disloquée, redoutent de ne plus pouvoir compter sur le rôle protecteur de l'État, ou s'alarment simplement du *lien* social qui se rompt. Dans son dernier livre, le philosophe Jean-Pierre Dupuy, inventeur de l'expression « catastrophisme éclairé », écrit que ce dernier est « un optimisme fondé sur la raison [1] ». J'ajouterai que

1. Jean-Pierre Dupuy, *L'Avenir de l'économie. Sortir de l'économystification*, Flammarion, 2012, p. 265.

l'espérance est – aussi – une disposition de l'âme, une sensibilité qu'il faut mettre en mouvement.

Puisque je parle en mon nom propre, évacuons d'abord les aspects personnels de la question. Voilà des années qu'on me questionne sur l'espérance qui m'habite, contre toute vraisemblance, ajoute-t-on. On en trouve trace dans tous les livres que j'ai écrits. On me dit qu'elle détonne. Comme journaliste, j'ai passé vingt-cinq ans de ma vie à « couvrir » les guerres, les révolutions, et les tragédies. Au journal *Le Monde*, comme grand reporter, je fus le préposé aux catastrophes. Cela correspond à des centaines d'heures passées au milieu des égorgements, des famines, des tueries et des désastres. Du Biafra (1969) à la Bosnie (1994), j'ai vu mourir et s'entre-tuer les hommes. En toute logique, cet exil consenti dans les tragédies du lointain aurait dû faire de moi un tourmenté sans illusions sur la nature humaine. De ces victimes dont j'ai partagé – pour de brefs moments – l'épouvante, je devrais, paraît-il, porter le deuil. On attend de moi des propos sombres, voire un dégoût de la vie. À la limite, on comprendrait que je sois devenu cynique. Et taiseux.

Ce n'est pas le cas. Le cynisme me fait horreur, et la désillusion m'apparaîtrait comme une trahison. Mon optimisme n'a pas « survécu » aux famines éthiopiennes, aux assassinats libanais ou aux hécatombes du Vietnam. Tout au contraire, *il leur doit d'exister*, il s'est nourri et fortifié de ce que j'ai vécu là-bas. Quand je me remémore ces années-là, c'est l'énergie des humains, l'opiniâtreté de leur espérance, l'ardeur de leurs recommencements qui me viennent en tête. Je pourrais mettre des noms propres sur tous ces êtres que j'ai vus s'accrocher à l'avenir, avec cette infatigable volonté qui leur permettait de rester debout dans le désastre. Ceux-là continuaient de penser qu'au-delà des souffrances et des dévastations un « demain » demeurait possible.

Comprenons également qu'à cette espérance droite et forte s'ajoutait une solidarité instinctive, un réflexe d'entraide qui en était à la fois la cause et la conséquence. Les sociologues, psychologues ou psychiatres ont étudié cet altruisme paradoxal qui surgit au cœur même des catastrophes. Ils citent aujourd'hui l'exemple des attentats du 11 Septembre 2001 à New York, ou bien celui de l'ouragan Katrina en septembre 2005, à La Nouvelle-Orléans. Il s'est passé dans ces deux villes des scènes de courage, de solidarité, de générosité dont on se souviendra longtemps. Cette empathie spontanée et cette espérance, je les ai vues à l'œuvre pendant vingt ans, et sur tous les continents.

À la longue, j'ai fini par me sentir comme dépositaire de cette flamme. Des bidonvilles de Calcutta aux rizières du delta vietnamien, des villages de la montagne du Chouf libanais déchirés par les massacres aux vallées du Sahel érythréen bombardées par les Sukhoï de l'aviation soviétique : partout la même leçon de courage. À Sarajevo en 1992, dans cette avenue mortelle qu'on appelait *Sniper's Alley* car elle était sous le feu des tireurs serbes embusqués dans les collines, j'ai assisté à une scène inimaginable. Alors que les rares passants se mettaient précipitamment à courir pour échapper aux balles des *Tchetniks* serbes, un homme d'une quarantaine d'années a interrompu sa course. Reprenant une allure normale, il a parcouru la dernière centaine de mètres en se retournant vers les sommets d'où venaient les tirs pour faire crânement un doigt d'honneur aux assassins. Refus soudain de la panique et de l'humiliation. Affirmation bravache d'une espérance.

Je pourrais poursuivre l'énumération. Disons que, chaque fois, en tous pays et en toutes circonstances, j'ai trouvé des hommes et des femmes qui n'acceptaient ni de capituler ni de désespérer. Au milieu des pires saloperies humaines perdurent leurs contraires : entraide, détermination, vitalité, projets, courage, douceur. De façon très concrète, cette espérance correspond à des maisons dix fois détruites et dix fois reconstruites, à des répressions policières mille fois défiées, à des iniquités dénoncées, à des familles endeuillées mais à nouveau debout, à des joies collectives toujours renaissantes après l'horreur.

Je me souviens aussi d'une petite ville du Sud-Liban, Marjayoun, régulièrement bombardée par les Israéliens dans les années 1980. Moins d'un quart d'heure après la dernière salve, les habitants sortaient de leurs abris pour réparer les dégâts. Jour après jour. Sans jamais renoncer. Je saluais avec respect ces hommes juchés sur des échelles qui tentaient de raccorder, au sommet des poteaux, les branchements quotidiennement pulvérisés. J'ai fini par baptiser « refusants » ces hommes et ces femmes dont l'obstination, un peu partout dans le monde, répond magnifiquement à cette remarque d'Antoine de Saint-Exupéry : « L'avenir, tu n'as pas à le prévoir mais à le permettre. » Permettre l'avenir : y a-t-il plus sobre et plus universelle définition de l'espérance ?

Grâce à ces gens du lointain, j'ai pris en grippe le désenchantement bavard que je retrouvais, dans ma tribu d'origine (la France !), à chaque retour de reportage. À peine descendu de l'avion, je tombais sur les râleurs, les mécontents, les pessimistes. Ils l'étaient bien davantage que tous ces gens que j'avais quittés la veille, et qui se coltinaient, eux, avec une autre sorte de tragique. Cela m'indignait. Qui étions-nous au juste pour nous complaire dans la rouspétance ? Avions-nous oublié que, dans notre pays, les bombes ne tombent plus depuis longtemps et que nulle police ne fait plus irruption dans nos maisons à cinq heures du matin ? Tenions-nous pour négligeable d'être en paix depuis soixante années et quatre fois plus riches que ne l'étaient nos parents ?

Le pessimisme, affiché comme une preuve de clairvoyance, m'exaspérait d'autant plus que je pouvais y céder moi aussi les semaines suivantes, repris par le climat ambiant. En faisant cela, j'avais l'impression de trahir tous ces gens laissés là-bas. Cela m'aidait à me reprendre. Impossible d'oublier qu'à dix mille kilomètres de Paris ils étaient moins grognons que nous. Je suis fier d'avoir suggéré un jour de 1979 à mon confrère Dominique Lapierre d'aller visiter le bidonville de Pilkana (à Calcutta) d'où j'arrivais. Ce fut le point de départ d'un livre de lui publié en 1985 et traduit dans le monde entier : *La Cité de la joie*.

Quant au culte sentencieux du « réalisme » et au désenchantement assumé qui prévalurent chez nous dès après l'écroulement du communisme, ce n'est pas en grippe, mais en horreur que je les ai pris. Je gardais en tête ce que Bernanos, encore lui, disait du réalisme dans le prologue de *Sous le soleil de Satan* (1926) : « Le réalisme, c'est la bonne conscience des salauds. » De ce lâche soulagement d'après 1989, le philosophe Emmanuel Levinas a parlé de manière moins polémique mais non moins prophétique. Dans un article publié le 2 juin 1992, à contre-courant de l'humeur médiatique, il notait que le naufrage du communisme n'était pas seulement la défaite d'une tyrannie et le « triomphe de la liberté » (partout célébré à l'Ouest), mais aussi un ébranlement ambigu du principe espérance. « Nous avons vu aujourd'hui disparaître l'horizon qui apparaissait derrière le communisme, d'une espérance, d'une promesse de délivrance. Le temps promettait quelque chose. Avec l'effondrement du système soviétique [...], le trouble atteint des catégories très profondes de la conscience européenne. » En écrivant cela, le Lithuanien qu'il était originellement ne manifestait aucun regret devant la disparition d'un système totalitaire. Il nous invitait seulement à prendre en compte ce trouble profond. Un trouble dont procède, en dernière analyse, la fade asthénie d'aujourd'hui.

Il faut nous en guérir. L'espérance est à ce prix.

⁂

Soyons justes. La fidélité instinctive aux peuples meurtris de l'hémisphère Sud aura été la principale source de mon optimisme, mais elle ne fut pas la seule. Mon travail d'éditeur m'aura permis – aussi – de me lier d'amitié avec quelques grands « optimistes » envers qui ma dette est immense. Je pense au philosophe et psychanalyste Cornélius Castoriadis qui, avec Claude Lefort, construisit dans les années 1950 la première critique « de gauche » du totalitarisme marxiste ; au philosophe Edgar Morin, fondateur de la « pensée complexe » ; aux philosophes René Girard et Michel Serres auxquels me lia une amitié durable ; à l'ancien ministre gaulliste Edgar Pisani, grand serviteur de l'État et homme respecté de tous ; au grand résistant Serge Ravanel, responsable des « Corps francs » dans la région lyonnaise, à Lucie Aubrac et à bien d'autres. J'ai eu la chance de prendre continûment des leçons auprès d'hommes et de femmes qui, à des titres divers, surent mettre leurs idées en pratique, c'est-à-dire accorder leur vie à leurs convictions. À quatre-vingt-dix ans passés, Edgar Morin, dont j'étais l'éditeur, n'a rien abdiqué de son énergie agissante.

En 1940-1941, quand Lucie et Raymond Aubrac s'engagent dans le réseau Libération, ils n'ont pas beaucoup de motifs raisonnables d'espérer. La détermination de Lucie lui fait passer outre… C'est au nom d'une espérance déraisonnable qu'elle devint une flamboyante héroïne de la Résistance. Comment oublier la leçon ? Cette dernière trouvait d'autant mieux un écho en moi que Jacques Ellul fut mon professeur et mon maître à l'université de Bordeaux. Il passait pour un pessimiste, alors même qu'il publia dès 1972 un livre au titre prémonitoire : *L'Espérance oubliée*. Identifiant notre époque comme « le temps de la déréliction », il assurait qu'un homme devient vraiment libre lorsqu'il *décide* d'espérer.

J'ajoute que l'optimisme comme l'espérance ne font sens que s'ils sont vécus *en connaissance de cause*. Autrement dit, pour combattre l'inespoir contemporain, il faut lever le nez du guidon, oublier le tapage de l'actualité immédiate et regarder en face ce qui fonde notre désabusement. Et c'est peu de dire qu'*a priori* nous avons de bonnes raisons d'être désabusés. Le désarroi contemporain n'est pas sans motifs sérieux. Quand on reprend la ritournelle médiatique qui consiste à répéter que le pessimisme pathologique du moment est une caractéristique propre aux Français, on insulte nos compatriotes. Les assauts de ce pessimisme ne procèdent pas d'une invention franchouillarde.

C'est d'une tout autre inquiétude qu'il s'agit.

2

Comment la flamme a faibli

L'espérance est comme une flamme qui, constamment, renaît. On peut dire aussi qu'elle est une énergie profonde qui respire et pulse à la manière de l'océan. La désespérance survient quand toutes ces choses – pulsation, ressac – s'arrêtent. C'est le cas aujourd'hui. Mais qui donc a étouffé la flamme ? Qui a « vidé la mer », pour reprendre l'expression de Nietzsche dans l'aphorisme 125 du *Gai Savoir* [1] ? Voilà des années qu'en matière d'espérance nous voyons le feu s'éteindre et la mer se vider. Dans mes livres, j'ai tenté de décrire par le menu comment l'asphyxie et la déréliction avaient gagné nos sociétés.

1. Aphorisme 125 du *Gai Savoir* : « Voilà la première proclamation de l'Insensé : Où est Dieu, cria-t-il, je vais vous le dire ! *Nous l'avons tué* – vous et moi ! Nous sommes tous ses meurtriers. Mais comment avons-nous fait cela ? Comment avons-nous pu vider la mer ? »

J'aimerais cette fois limiter les références, les citations et notes de bas de page pour dire plus simplement comment j'ai vécu – comment nous avons vécu ! – cette lente dégringolade. Elle est passée par plusieurs séquences dont, avec le recul, on discerne mieux l'emboîtement. La première s'apparente à ce que les informaticiens appellent une « désactivation ». On désactive telle fonction d'un ordinateur. La métaphore sonne assez juste. L'optimisme historique que les Européens partageaient encore au début du XXe siècle a été progressivement démoli par les folies de ce dernier. L'une après l'autre, toutes les composantes du progressisme bâtisseur hérité des Lumières ont été disqualifiées ou contrefaites. Sont-elles mortes pour autant ? La désespérance qui nous gagne aujourd'hui conduit à se poser la question. Je n'en connais pas de plus urgente : ces convictions que le XXe siècle a jetées à terre, pouvons-nous les refonder ou les « redresser », comme l'écrit Edgar Morin ? Les valeurs d'avant-hier font-elles encore sens ?

Ma conviction est faite depuis longtemps : lesdites valeurs ont été dévoyées et trahies[1], mais elles restent indiscutables dans leur essence, et ne demandent qu'à revivre. Pour nous en assurer, essayons d'abord de les passer en revue, en esquissant un « état des lieux » en ce début de siècle.

⁂

1. J'ai tenté d'analyser cela dans *La Trahison des Lumières*, Éd. du Seuil, 1995, et « Points », nº P257.

Mes proches s'étonnent parfois de mon intérêt passionné pour la guerre de 1914-1918. Je n'en finis pas de lire et de relire son histoire, de visionner des films d'archives, de feuilleter les fac-similés des journaux de l'époque. Je pense notamment aux deux grands volumes reliés de *L'Illustration*, trouvés au grenier chez mon père et titrés *La Guerre du droit*. Pourquoi consacrer tant d'énergie à scruter une fois encore un événement mondial survenu trente années avant ma naissance ? Parce que nous payons toujours le prix de cet ébranlement originel. À ce moment-là, l'Europe a été « mise au tombeau », comme l'écrivait le philosophe Gershom Sholem, dans son journal intime en date du 1er août 1916. Le reste procède d'un enchaînement irrésistible des causes et des effets.

Pour entretenir ma curiosité, des raisons personnelles ont joué. Mon enfance a été marquée par les évocations toujours plus insistantes de mon père. À mesure qu'il prenait de l'âge, il en revenait sans cesse à ce choc initiatique de la Grande Guerre auquel il avait survécu par miracle. Jeune étudiant d'à peine vingt ans, il avait été reçu en 1914 à l'école Saint-Cyr, et intégré aussitôt à la fameuse promotion nº 99, baptisée « La Grande Revanche ». Je ne sais pas si l'adjectif « fameuse » est approprié, car les élèves de cette promotion furent précipitamment envoyés au front après neuf mois d'école. Des gamins de vingt ans, promus en un clin d'œil chefs de section, ont été livrés à la boucherie. Nommés sous-lieutenants à titre provisoire, ils étaient sept cent soixante-cinq élèves au départ. Quatre cent six d'entre eux – plus de la moitié ! – furent tués entre 1915 et 1918.

Quand mon père me parlait de cela, un épisode particulier revenait toujours dans ses propos : l'enthousiasme initial du départ pour le front, l'acceptation par avance du sacrifice au nom de la « patrie », la générosité de soi, la préférence accordée au « nous » plutôt qu'au « je ». Et le bonheur, en rejoignant son affectation, de se sentir porté et acclamé par des foules vibrantes. « Comme nous étions heureux et fiers de partir pour le front ! » Combien de fois m'en a-t-il fait la remarque. Or cette ardeur fut ignoblement fracassée par les tueries ; des millions de jeunes vies – françaises et allemandes – furent gaspillées dans la boue et la chair putréfiée des tranchées.

Il n'y a pas si longtemps, un jour de novembre, j'ai pris ma voiture et, sans prévenir personne, filé à Verdun. Je voulais, solitairement, toucher du regard, au moins une fois, l'hécatombe si durablement malfaisante. Dans ce paysage de sapins drus et de routes forestières – où seules demeurent les pancartes indiquant les villages détruits –, j'avais du mal à repérer les crêtes, vallons, talwegs, promontoires ou ravins que m'énumérait mon père : Fleury, Forges, côte de l'Oie, Cumières, bois des Corbeaux. Quatre cent mille soldats français sont morts ici, entre février 1916 et novembre 1918. Le cloître de Douaumont y égrène, sur des centaines de mètres, les noms des départements, des unités, des régions de France et d'outre-mer. Vertigineuse litanie que l'on déchiffre pas à pas, respiration coupée. Oserai-je dire, et sans faire de phrases, que je ne pensais pas être si profondément bouleversé ?

Mon émotion était d'une nature plus précise qu'on ne l'imagine. À écouter les récits de mon père, disparu en 1973, j'ai pris l'habitude d'évoquer le saccage historique de cette *Guerre du droit* non uniquement en référence aux vies perdues, mais aussi *en termes de croyances et de générosité outragées*. Pareils ravages sont moins immédiatement visibles, mais leurs effets souterrains cheminent bien plus longtemps. À terme, ils minent les assises d'une société, d'un pays, d'un continent entier. C'est l'espérance qu'ils mettent à mal. Quand on dit aujourd'hui que le patriotisme et le souci des autres sont passés de mode, c'est indirectement de cette gabegie initiale que l'on parle. Après elle, le « je » l'aura durablement emporté sur le « nous », et le souci de soi aura prévalu sur la générosité sacrificielle, tant cette dernière fut honteusement manipulée à Verdun, aux Éparges ou ailleurs.

⁂

Mais le « nous » (celui de la fraternité) n'était pas l'unique composante de l'optimisme européen. Il faut lui adjoindre bien d'autres convictions articulées les unes aux autres : l'attachement à la raison, l'aspiration égalitaire, la solidarité agissante, le volontarisme historique, le respect du droit, l'humanisme démocratique, etc. De tout cela, nous portons aujourd'hui le deuil. La désespérance trouve là ses racines. Et son défi. Pourrons-nous restaurer ce qui a été démoli, réactiver un corpus de valeurs sans lesquelles la culture européenne est vouée au naufrage et, en tout cas, à une « sortie de l'Histoire » ? La question préalable est celle-ci : comment tout cela s'est-il détraqué ? Qu'est-ce qui fut englouti au fil de cet étrange XXe siècle, l'un des plus lumineux et des plus épouvantables du deuxième millénaire ?

Lumineux ? Bien sûr ! Des progrès évidents y furent accomplis, en matière de liberté, de prospérité, de bien-être, d'égalité entre hommes et femmes, de reconnaissance des « différences », qu'elles soient sexuelles ou raciales. Au fond même de notre inespoir d'aujourd'hui, et même au chômage, nous vivons mieux et plus longtemps que les générations précédentes, nous sommes mieux nourris, mieux soignés, mieux reconnus. Je m'en voudrais d'oublier cette face éclairée du siècle passé, un « court XXe siècle » qui commence en 1914 et s'achève en 1989 avec l'effondrement communiste. Soixante-quinze petites années, de ce point de vue, auront plus changé la face de notre monde que les deux siècles précédents.

Mais cette face ensoleillée ne peut faire oublier la face sombre. L'effroi qu'elle nous communique encore à distance nous laisse comme sonnés. À un avers de progrès patent correspond un revers effroyable. En écrivant cela, et comme à propos de la Grande Guerre, je ne pense pas seulement à l'arithmétique funèbre de dizaines de millions de morts que ce XXe siècle – l'un des plus meurtriers jamais vécus – aura laissés derrière lui comme un sillage. Je pense à l'étouffement progressif du feu dont nous brûlions encore durant les années « folles », à ce vidage nietzschéen de la « mer » démocratique et républicaine où notre projet occidental se déployait.

La Grande Guerre fut la *matrice*, la *cellule souche* de ce siècle ensanglanté. J'ai tant écrit sur ce sujet que je n'y reviendrai pas en détail. Rappelons-nous simplement qu'à partir de l'attentat de Sarajevo du 28 juin 1914, événement déclencheur de la boucherie mondiale où s'abîmèrent trois empires (russe, austro-hongrois et ottoman), une série d'emboîtements historiques se succédèrent, comme autant de *répliques* du séisme initial. C'est l'âme entière de l'Europe qu'ils détruisirent peu à peu. Au vertige immédiat de la raison elle-même, dont témoigne l'émergence protestataire du dadaïsme et du surréalisme (1916), succédèrent le génocide des Arméniens sur les décombres turcs de l'Empire ottoman (1915-1916), la révolution d'Octobre puis le coup de force bolchevique (octobre 1917), la crise capitaliste des années 1930, l'avènement revanchard de l'hitlérisme (1933), la volonté d'anéantissement d'un peuple entier avec la Shoah (1938-1945), la barbarie « technologique » d'Hiroshima et de Nagasaki (1945), bientôt suivie des « sales guerres » coloniales où sombra l'humanisme européen…

Pendant soixante-quinze années, il y eut un enchaînement de causes et d'effets dont 1914-1918 fut le « déclencheur ». Au terme symbolique du XXe siècle, toutes les « valeurs » dont se prévalait l'Europe se retrouvèrent corrompues, tordues, salies, déconsidérées.

⁂

La première de ces valeurs européennes – et surtout françaises – était l'aspiration à l'égalité. Je ne parle pas de l'égalitarisme obtus mais bien de *l'aspiration égalitaire*, celle que nous inscrivons sur le fronton de nos mairies. Magnifique espérance, elle fut corrompue par les bolcheviques qui s'en servirent pour justifier l'extermination des *koulaks* dans les années 1930, puis la grande nuit du Goulag. Ce crime historique rendit idéologiquement suspecte toute dénonciation ultérieure de l'inégalité. Par principe. Par expérience. Disons que la charge de la preuve s'en trouvait renversée. Les pauvres devaient démontrer que leur malchance ne devait rien à leur propre responsabilité, c'est-à-dire leur fainéantise. C'est en ce sens que Levinas, cité plus haut, observait que la fin du communisme fut bien entendu celle d'une tyrannie, mais aussi l'effacement d'un « horizon d'espérance ».

Combien de fois ai-je entendu les remarques suivantes quand j'évoquais les inégalités croissantes chez nous : « Tu veux recommencer la lutte des classes ? », « Tu veux rouvrir la chasse aux riches ? » ou encore « Tu as un problème avec l'argent ». Quiconque se préoccupait ouvertement de l'inégalité grandissante se voyait renvoyé au désastre communiste, voire au goulag. Et cela, pendant de longues décennies.

Un exemple entre mille : au début de l'année 2012, durant la campagne présidentielle française, quand il fut question de taxer les très riches, un homme en vue comme Michel Cicurel, économiste de la compagnie Rothschild, pouvait déclarer tout de go : « L'impôt sur les hyper riches conduit à l'Union soviétique puis au Goulag[1]. » Argument bêtasse mais inusable et valable sous toutes les latitudes. Autre exemple : en février de cette même année, j'étais au Cambodge où le tribunal international de Phnom Penh condamnait à la perpétuité le sinistre Duch, tortionnaire khmer rouge jugé coupable de la torture et de la mort de douze mille personnes. Le verdict était évidemment justifié, mais une chose me troubla. Vingt-trois années après la fin du cauchemar génocidaire du *Kampuchéa démocratique*, son souvenir servait d'utile repoussoir pour désarmer quiconque songeait à dénoncer l'affairisme extravagant et la corruption inégalitaire du régime cambodgien. François Ponchaud, le prêtre catholique qui avait révélé au monde entier en 1976 l'étendue des crimes de masse commis par les Khmers rouges, ne décolérait pas en février 2012 de l'usage qu'on faisait à Phnom Penh de ce terrifiant souvenir.

Dès la fin des années 1980 et de manière très injuste, le socialisme jaurésien et la social-démocratie européenne se trouvèrent ainsi chavirés par l'effet de souffle du naufrage communiste. Le terrain, il est vrai, avait été préparé pour le grand retournement que constitua, aux États-Unis comme en Europe, ce que j'ai appelé « le projet inégalitaire[2] ». La révolution

1. Propos recueilli par l'association « Reporterre » : http://www.reporterre.net/spip.php?article2677

2. C'est le titre que j'avais donné au troisième chapitre de mon livre, *La Refondation du monde*, Éd. du Seuil, 1999, et « Points Essais », n° 589.

conservatrice conduite dix ans auparavant par Ronald Reagan aux États-Unis et Margaret Thatcher en Grande-Bretagne avait *mis en scène* de manière anticipée l'après-communisme. On y obéissait désormais sans plus de gêne au cynisme que pointa férocement l'économiste John Kenneth Galbraith dans un article publié en novembre 1985 dans le *Harper's Magazine* : « L'Art d'ignorer les pauvres ». Quant au Vieux Continent, il devint une proie carrément offerte sur un plateau à l'influence débridée d'un capitalisme anglo-saxon.

La deuxième grande valeur européenne, la volonté de construire l'Histoire au lieu de la subir, fut déshonorée elle aussi, mais ce fut cette fois par Hitler. Entre autres crimes, il profana ce volontarisme en le poussant jusqu'aux logiques d'extermination. *Le Triomphe de la volonté*, proclamait le film à sa gloire, tourné par Leni Riefenstahl en 1936. Quel triomphe, en effet ! Les hitlériens s'affirmaient capables de changer le cours de l'Histoire et de redessiner la carte du monde. À leurs yeux, il leur suffisait de le *vouloir* pour être en mesure de supprimer de la surface de la Terre un peuple « de trop », en l'occurrence le peuple juif. Voilà comment l'orgueil prométhéen et la volonté de transformer le réel pouvaient conduire à la nuit absolue.

Les nazis, dans leur démence criminelle, avaient falsifié du même coup une autre composante de la culture européenne : le souci d'intervenir sur le monde et de « réparer » ce dernier si nécessaire. Je reprends là le concept juif qui vise notamment la justice sociale :

le *tikkoun olam*, c'est-à-dire la « réparation du monde ». Le trou béant creusé dans le siècle par la Shoah peut s'interpréter comme une contrefaçon démoniaque du *tikkoun olam* : réparer le monde en le débarrassant d'un des peuples qui l'habitent !

Pour cette raison – et pour bien d'autres encore –, le volontarisme n'eut plus bonne presse après la guerre, et notamment à propos de l'économie. Chacun se persuada qu'il était périlleux de vouloir changer quoi que ce soit à l'ordre des choses. Mieux valait ne plus toucher à la boîte noire de l'histoire humaine. En matière d'économie, on préféra le laisser-faire et le laisser-passer dont l'économiste et prix Nobel autrichien Friedrich von Hayek, grand pourfendeur du socialisme, était le théoricien. Adversaire de l'économiste britannique John Maynard Keynes, et hostile au « constructivisme » de la gauche (l'autre nom donné au volontarisme), Hayek avait publié en 1944 – à point nommé – son principal ouvrage : *La Route de la servitude*. C'est Hayek qui, dans les années 1950, avait été le maître à penser de l'Américain Milton Friedman, inspirateur de l'école dite de Chicago, foyer prosélyte de l'ultralibéralisme américain.

Le livre de Hayek fut réédité, relu et abondamment cité dès après la chute du mur de Berlin. Et pour cause ! L'effondrement du communisme semblait lui donner raison. La mécanique prétendument objective du marché n'était-elle pas plus rassurante que le « populisme » forcément en germe dans toute action politique ? Sans que l'on s'en offusque vraiment, le marché prit durablement le pas sur la démocratie.

En d'autres termes, le marché était jugé plus « raisonnable » que la politique, toujours soupçonnée de démagogie.

Un effet miroir bien compréhensible jeta d'ailleurs *illico* dans les bras du capitalisme anglo-saxon nombre de pays d'Europe de l'Est, tout juste libérés du joug soviétique. Je me souviens d'une soirée passée à Gdansk en Pologne, au début des années 1990. J'avais été invité à l'une des premières réunions d'un club de réflexion « thatchérien ». Écoutant ces jeunes Polonais vanter avec flamme, enthousiasme, dévotion même les mérites du « vrai » capitalisme, j'eus l'impression qu'ils tombaient – déjà ! – de l'autre côté du cheval.

De même, j'étais à Prague, cette « capitale magique de l'Europe », comme l'appelait André Breton, durant cette fameuse soirée du vendredi 17 novembre 1989, qui marqua le début de la « révolution de velours ». Je me souviens des banderoles brandies par de très jeunes manifestants : *Il ne faut plus mentir. Ni voler. Le pays a besoin de gens à l'échine droite.* L'inspirateur de ce sursaut, l'admirable Vaclav Havel, était précisément un homme à « l'échine droite ». Cela n'empêcha pas qu'il fut vite combattu puis remplacé dès 2003 à la présidence de la République tchèque par Vaclav Klaus, son jumeau inversé, admirateur fervent de Margaret Thatcher [1].

1. J'ai raconté cela en détail dans *Le Rendez-vous d'Irkoutsk*, Arléa, 1991.

Ces épisodes, vécus à Gdansk et à Prague, n'étaient jamais que les symptômes d'un mouvement plus général. Et plus glaçant. Tel un ressort longtemps comprimé, l'inégalité sans complexe, avec ses nouveaux riches, ses oligarques et ses mafias, revint en force dans l'ancien monde communiste. Dans l'ex-URSS, les richesses collectives subitement privatisées permirent à une caste de milliardaires en roubles de parader dans les palaces du monde entier. Les oligarques tenaient le haut du pavé. Il s'agissait souvent d'anciens *apparatchiks* reconvertis.

À ce sujet, je garde en mémoire un tout petit article qu'avait publié dans *Le Nouvel Observateur* mon compatriote charentais, l'écrivain Claude Roy. Dans la semaine qui suivit la chute du mur de Berlin, il posa une simple question : « C'est très bien. Mais qui donc va faire peur aux riches maintenant ? » C'était en 1989. La suite de l'histoire a donné toute leur force à ces deux phrases imprimées qui tranchaient avec l'enthousiasme dont le reste du journal se faisait l'écho, en célébrant page après page le « génie de la liberté ». Une tyrannie était abattue, certes, mais conséquemment les vannes du renoncement timoré – et du cynisme – s'ouvraient toutes grandes.

⁂

Raison, fraternité, patriotisme, principe d'égalité, volontarisme démocratique, attachement à l'humanisme : ainsi donc, tout le viatique de l'esprit européen était devenu équivoque, discutable, critiquable, compromis. Nous avions de quoi manger mais nous n'avions plus rien à « croire », si j'ose dire. Nous abordions le XXIe siècle en état d'apesanteur morale. L'espérance fondatrice – surtout celle de la gauche – était sinistrement tordue. Edgar Morin a bien raison : c'est elle qu'il s'agit de « redresser ». Il y a urgence, et pas seulement en Europe.

Sur les ruines du XXe siècle, en effet, un vide plus vertigineux encore s'est creusé quand l'économie de marché, à son tour, est devenue folle.

3

Un mensonge a chassé l'autre

On a pris l'habitude de parler des « trente piteuses » pour désigner les trois décennies qui vont de 1980 à 2010. Faisant cela, on les oppose aux Trente Glorieuses d'après-guerre (1945-1975), celles de l'Europe graduellement reconstruite et enrichie comme aucun pays ne le fut jamais dans l'Histoire. L'adjectif *piteux* renvoie à une comparaison des taux de croissance moyens, dans l'un et l'autre cas. Pour faire très court, disons que ce taux fétiche est passé de 6 % à 2 % ou même à 1 % l'an. La chute est éloquente.

Je propose quant à moi d'entendre ce même adjectif d'une autre façon. Si ces trois décennies apparaissent comme *piteuses*, elles le furent surtout en matière d'idées, de vision du monde, de détermination et d'espérance. Je parle ici de la représentation de l'avenir qui fondait depuis plusieurs siècles notre optimisme et consolidait notre cohésion. Cette représentation du futur a été ruinée, et de deux façons : dans les discours dominants et dans les faits. Je serais bien incapable de dire si l'une a prévalu sur l'autre, si les idées ont été produites par la situation ou si, à l'inverse, elles l'ont insidieusement engendrée. Les deux sont sans doute vraies : action et rétroaction sont allées de pair.

Pour ce qui est des idées, revenons une dernière fois à Bernanos et à ses colères. L'« inversion » axiologique amorcée dès le début des années 1980 nous renvoie à sa fameuse exclamation quand il revint en Europe après la Libération. Interrogé sur la joie qu'il devait éprouver, lui qui avait fermement soutenu la France libre et de Gaulle eut cette réponse cinglante : « Le mensonge a seulement changé de répertoire. » Il voulait dire qu'à l'aube prometteuse de la Libération succédait déjà l'affairement des partis et des intérêts.

Durant les décennies « piteuses », la même chose s'est produite. Au génie de la liberté, qui avait abattu les tyrannies et déconstruit les catéchismes totalitaires, succéda un catéchisme libéral tellement sommaire que son énoncé tenait en quelques lignes. Vainqueur du communisme, débarrassé de son challengeur historique, régnant sans partage, le capitalisme s'était roidi au point de devenir simpliste, c'est-à-dire « autre ». Son discours se ramena à quelques injonctions lapidaires. Elles résumaient, en les simplifiant encore, les dogmes élaborés entre 1950 et 1970 par Milton Friedman et son « école de Chicago ». J'en résume les quatre principaux. Credo n° un : il est moins dangereux de défendre des intérêts que des convictions. Credo n° deux : l'efficacité des marchés (on parle doctement de leur *efficience*) est supérieure à celle de la décision politique. Credo n° trois : l'intérêt général n'est rien d'autre que la combinaison concurrentielle des intérêts particuliers puisqu'« une société, ça n'existe pas », comme disait Margaret Thatcher. Credo n° quatre : il faut ramener l'État à un étiage minimal et privatiser le reste, y compris les anciens services publics.

Cette substitution d'un dogme à un autre, d'un mensonge à un autre, cette transmutation à la fois instantanée et inaperçue sur le moment, fut un tour de passe-passe. La preuve était faite, une fois encore, qu'une *doxa* pouvait très rapidement faire place à une autre. L'épisode rappelait quelque chose aux Européens de mon âge. Nous avions vécu, vingt ans auparavant, un basculement comparable. Dans les années 1960, la pensée dominante était clairement sartro-marxiste, même si les deux concepts – sartrisme et marxisme – n'allaient pas toujours de pair. Jean-Paul Sartre, comme on le sait, eut des démêlés sévères avec le Parti communiste, mais il avait affirmé, dans une déclaration devenue fameuse, que le communisme était « l'horizon indépassable de notre temps ».

C'est peu ou prou ce qu'on pensait à l'Université. Je n'étais pas loin de le penser moi-même. Si je n'ai pas basculé à l'extrême gauche, ce qui eût été logique, je le dois à quelques auteurs « contre-poisons » que le hasard m'avait amené à lire et à relire, comme on goûte aux choses interdites : Jacques Ellul, Albert Camus, Cornélius Castoriadis, Raymond Aron, René Étiemble, Claude Lefort, etc. Dans ma classe de philo, nous n'étions que deux ou trois (sur trente élèves !) à préférer Camus à Sartre et à nous enthousiasmer rétrospectivement pour *L'Homme révolté* (publié en 1951), une charge que les communistes et Sartre lui-même avaient jugée méprisable. Nous passions pour des demeurés mentaux, et à tout le moins pour des analphabètes. Seuls les imbéciles étaient « camusiens » : cela semblait évident, y compris pour le prof.

Cette banquise sartro-marxiste qui congelait l'air du temps, nous l'avons vue commencer à fondre dès 1968. Quel spectacle ! Mes souvenirs les plus vifs se réduisent à quelques saynètes. Début mai, au bas du boulevard Saint-Michel à Paris, Daniel Cohn-Bendit traita Louis Aragon de « crapule stalinienne ». Quelques jours plus tard, dans l'amphithéâtre Descartes de la Sorbonne, un étudiant, du haut des gradins, reprocha à Sartre, présent à la tribune, d'être « un piètre philosophe ». Je fus le témoin direct de ces incidents inauguraux. On tuait décidément les pères. Je garde en mémoire les tribunes dissidentes que Maurice Clavel publiait alors dans *Combat*. Il y affirmait que, si l'on voulait comprendre les événements, on ne devait pas s'arrêter au langage. Les étudiants parlaient « marxiste », en effet, mais parce que c'était le patois commun à l'université. En 1968, on y parlait marxiste sans le savoir comme M. Jourdain faisait de la prose. Cela nous trompe, expliquait Clavel, car Mai 68 marque en réalité une rupture historique entre la jeunesse et le marxisme.

Contre les apparences, il voyait juste.

Une fois passées les « années gauchistes » (1968-1974), ladite rupture sera vraiment consommée en 1975-1976. La publication en France de *L'Archipel du Goulag* d'Alexandre Soljenitsyne en juin 1975, les déconvenues de la révolution des œillets au Portugal, la tragédie des *boat people* fuyant le régime communiste au Vietnam : tout cela acheva d'inverser la charge symbolique positive qui – malgré la Hongrie de 1956, malgré l'étouffement du printemps de Prague en 1968 – s'attachait encore au communisme en général et à l'URSS en particulier. Le *signe*, cette fois, changea de sens. De positive ou complaisante, la perception du système communiste devint carrément négative. En France, les « nouveaux philosophes » surent organiser la mise en scène médiatico-culturelle de ce renversement symbolique. Ils n'en furent pas les artisans, comme on le dit parfois, mais les griots. Ce n'est déjà pas si mal. Le fond de l'air n'était plus rouge du tout, pour se référer – mais à l'envers – au titre d'un documentaire plus nostalgique que descriptif de Chris Marker : *Le fond de l'air est rouge*, réalisé en 1977.

Cela signifie une chose : quand il vacilla en 1980 (avec la révolte polonaise de Solidarność), puis s'abîma pour de bon en 1989, le système communiste était déjà moribond dans l'esprit des intelligentsias européennes. Le capitalisme triomphateur put mesurer aussitôt l'étendue de sa victoire. Une minuscule rectification sémantique en fut le signe. Elle n'était pas innocente. Le mot « capitalisme » qui désignait le vainqueur disparut subitement, et pendant de longues années, du vocabulaire quotidien. Si la « chose » avait gagné, le mot fut effacé. On cessa de parler du *capitalisme* pour préférer le mot plus innocent de *libéralisme* ou même l'expression encore plus neutre d'*économie de marché*. Les partis socialistes européens – surtout en France – furent invités à rallier cette dernière en renonçant une fois pour toutes à la lutte des classes. Poussé par la « deuxième gauche » (la « gauche américaine », disait-on alors), le PS français y consentit vaille que vaille.

Trop tard ? Trop tôt ? Une chose est sûre : ce ralliement progressif participa d'une ambiguïté qui empoisonne aujourd'hui encore la gauche française. Pourquoi ? Parce que, entre-temps, le capitalisme s'était métamorphosé. Tétanisé par sa victoire, sûr de lui-même, devenu vulgate à son tour, il n'avait plus rien de commun avec le capitalisme relativement civilisé de l'après-guerre. Je parle de celui, européen dans son essence et rhénan dans son expression, qu'on appelait « l'économie sociale de marché » (*Soziale Marktwirtschaft*). Après 1989, ce capitalisme rhénan sembla s'évanouir d'un coup comme s'efface un songe. Les socialistes, héritiers de Jaurès, se rallièrent donc à un système qui... n'existait plus. À sa place, un autre avait installé sa domination : celui que l'essayiste Naomi Klein appelle « le capitalisme du désastre ». Pour rendre compte de cette mutation, on eut recours – mais un peu trop tard – au préfixe « néo ». On prit l'habitude de parler de « néolibéralisme ». Cela ne signifie pas grand-chose, mais on n'a pas trouvé mieux.

J'ajouterai une remarque. Le capitalisme ainsi contrefait emprunta curieusement bon nombre de ses logiques au communisme qu'il venait de vaincre. Je pense au scientisme revendiqué (« l'économie est une science »), au dédain des superstructures (« la politique doit obéir à l'économie »), au mépris du réel (« Si cela ne marche pas, alors il faut privatiser davantage »), à la promesse imprudente (« les lendemains qui chantent ») de l'abondance, etc. Invité en 2005 à faire une conférence au « Club des entrepreneurs » à Dusseldorf (Allemagne), je m'étais retrouvé devant une centaine de chefs d'entreprise français ou francophones. En guise de provocation, j'avais posé d'entrée la question introductive : M'autorisez-vous à tenter de vous démontrer que vous devenez peu à peu des « marxistes blancs » ? Leur stupéfaction, puis leur trouble m'avaient amusé.

La dévastation axiologique, quant à elle, est facile à comprendre. Si les marchés sont plus « efficients » que la délibération démocratique, alors la volonté qu'expriment les citoyens s'en trouve réévaluée à la baisse. Elle éveille même une méfiance de principe. Les peuples se trompent si souvent. Mieux vaudrait ne plus les consulter. Selon la nouvelle vulgate néolibérale, l'avenir ne sera plus « construit » par les citoyens mais « produit » par le marché et la fameuse RDTS (Recherche et développement technique et scientifique). Ce n'est pas la même chose. Et c'est fou ! L'économie mondiale devenait, dans les faits, un « processus sans sujet », pour reprendre une expression de Louis Althusser.

Denis Kessler, que j'avais connu chercheur au CNRS, et qui était devenu vice-président du MEDEF, m'expliquait en tête à tête qu'il avait rompu avec la vision « téléologique » de l'Histoire, c'est-à-dire avec toute idée de *finalité* volontaire. Façon bêtement technique de désigner l'espérance qu'il fallait, selon lui, congédier. Cette dernière passait désormais pour une naïveté ou une concession fautive au « populisme ». À l'époque, je n'ai pas osé dire à Kessler que je tenais son raisonnement pour une figure *new look* de la bêtise.

On comprend en tout cas de quelle façon un catéchisme comminatoire succéda à un autre. La déflagration qui avait emporté le communisme finissait par souffler, de proche en proche, la flamme de l'espérance démocratique. Je m'étais promis de ne pas multiplier les citations, mais je note malgré tout cette réflexion lucide (et mélancolique) de Michel Rocard. Elle date de 2003 : « Nos sociétés sont maintenant pilotées le nez dans le guidon, sans vue d'avenir, au gré des humeurs successives de l'opinion[1]. » Tout est dit.

Il serait absurde de ramener ces années piteuses à je ne sais quel pugilat entre les gauches et les droites européennes. Ce serait voir les choses par le petit bout de la lorgnette. En réalité, les gauches comme les droites furent toutes piégées dans cette affaire. Au-delà des rhétoriques électorales, chacun communia dans l'illusion – et le mensonge – d'un nouveau « sens de l'Histoire », réinventé par les tenants du tout marché ; un sens dont nul de pouvait

1. Michel Rocard, préface au livre du pasteur Michel Wagner, *Jalons pour une éthique chrétienne face aux défis contemporains*, L'Harmattan, 2003, p. 10.

plus s'affranchir. « Pas d'autre politique » possible : la litanie fut partout psalmodiée. Je pense encore à l'arrogance des publicistes qui, à la manière d'Alain Minc, évoquaient le « cercle de la raison » comme un agent de police vous rappelle au passage protégé. L'effet de souffle encore. Pendant plusieurs décennies, le communisme défait – et par extension la gauche elle-même – servit de repoussoir. En effet, cher Claude Roy, plus personne ne « faisait peur aux riches ».

Du moins jusqu'à ce que, pris de court par la crise financière de septembre 2008, on découvre rétrospectivement qu'il avait été enfantin de s'en remettre à l'« efficience » des marchés. Abandonnés à eux-mêmes et à leur déraison, les marchés apportèrent la preuve qu'ils n'étaient pas « efficients » du tout. Et c'est l'État, la « politique » au sens noble, qu'on s'empressa d'appeler au secours. Toute honte bue, mais tous dégâts commis.

⁂

Du ciel assombri des idées, redescendons maintenant à l'altitude zéro, celle du réel. À ce niveau terre à terre, quotidien, trivial, tout conspira à démolir la représentation positive que les Européens se faisaient de l'avenir. Depuis près d'un siècle, en dépit des guerres et des crises, mais surtout depuis la Libération, les Français comme les Allemands, les Italiens ou les autres peuples du Vieux Continent partageaient au moins une certitude à propos de leur vie quotidienne : l'avenir serait *meilleur* que le présent et, à plus forte raison, que le passé. Certes, les progrès étaient inéquitablement répartis dans nos sociétés, mais toutes les familles croyaient dur comme fer – et à bon droit – que les enfants vivraient mieux que leurs parents qui eux-mêmes vivaient mieux que les grands-parents, les arrière-grands-parents, et ainsi de suite.

Nous avions intériorisé cette idée d'un progrès historiquement tendanciel, au point de la croire acquise à jamais. L'avenir non seulement promettait quelque chose, mais il tenait ses promesses. C'est au tout début des années 1980 que le sens du courant s'est subrepticement inversé, sans que nous en prenions conscience. Déclenchée par les deux chocs pétroliers de 1974 et 1978, la « crise » faisait irruption dans la très prospère Europe et s'y installait durablement. Les Trente Glorieuses avaient pris fin, mais nous ne le savions pas encore. De fait, le pouvoir d'achat continuait de croître, et rien ne semblait remettre en question la majestueuse avancée du paquebot européen. Nous étions toujours plus riches, mais c'était désormais à crédit. Quant au chômage, s'il augmentait comme gonfle un torrent, chaque gouvernement présentait cela comme une calamité provisoire. « Je vois déjà la sortie du tunnel », promettait aux Français, en 1976, leur Premier ministre d'alors Raymond Barre.

Trente-six années plus tard, nous sommes plus profond encore dans le tunnel. Les ténèbres s'épaississent à mesure. Pour le dire autrement, voilà plus d'une génération que nous sommes entrés dans une société de la précarité, du chômage de masse et de la dureté sociale. À cette souffrance journalière s'ajoute une désespérance d'un type nouveau. Elle tient à un constat si désespérant que nous eûmes du mal à l'admettre : l'avenir ne promettait plus rien à personne. Et moins encore après 2008, quand la « crise de la dette » dégrisa les peuples européens en les arrachant à l'illusion d'une prospérité maintenue. L'avenir était d'abord menaçant. Il l'est toujours. L'austérité et le manque sont devant nous, sans doute pour longtemps. On peut comprendre que notre représentation du futur ait changé de signe algébrique. De positive, elle est devenue négative. Les économistes les plus lucides, avec leur propre langage, parlent d'une *dépréciation de l'avenir*, façon comme une autre de dire que la flamme de l'espérance s'est éteinte. Si nous en doutons, regardons mieux autour de nous : chaque famille européenne considère aujourd'hui comme hautement *probable* que ses enfants vivent *moins bien* que leurs parents.

Je ne suis pas sûr qu'on ait mesuré l'énormité de ce dynamitage. Une société qui n'est plus « tirée en avant » par une valorisation de l'avenir, une société sans promesse ni espérance, est vouée à se durcir. Ramené à lui-même et cadenassé sur sa finitude, le présent devient un champ clos. Y prévalent les corporatismes inquiets, les frilosités communautaires, les doléances, le chacun-pour-soi et le cynisme impitoyable. Quelque chose s'y trouve brisé. La société n'est plus un *tout* mais un *tas*, comme l'écrit Régis Debray. S'ouvrent alors les portes de la peur et du mépris. J'emploie ce dernier mot pour caractériser le versant culturel et médiatique de l'affaire.

Dans la vie de tous les jours, le nouvel air du temps est aujourd'hui sans indulgence pour les « perdants ». On leur préfère les vainqueurs, les malins, voire les riches. Vers la fin des années 1980, les journaux de gauche eux-mêmes (je pense à *Libération*) prennent vite l'habitude de dépeindre les grands patrons en *rock stars* dignes d'être adulées. À l'inverse, les pauvres n'intéressent plus beaucoup les soixante-huitards repentis. Qu'ils soient ouvriers, employés, paysans ou même enseignants, les moins chanceux n'ont plus ni prestige ni reconnaissance. En quelques décennies, la représentation des « classes populaires » s'est symboliquement inversée. La classe ouvrière, pour prendre cet exemple – qui rassemble tout de même six millions de salariés –, ne jouit plus de l'aura messianique dont elle bénéficia longtemps à gauche. Quand leur existence n'est pas tout bonnement *oubliée*, les ouvriers sont plutôt perçus comme des beaufs incultes, suspects de sympathie pour l'extrême droite, voire de racisme. À l'ouvriérisme lyrique de jadis succédait un mépris non dissimulé pour le « populo ». La gauche laissa le peuple s'éloigner d'elle. Avec le peuple, mais pas pour déjeuner.

Quelle folie !

Quant aux intellectuels, ils furent innombrables durant les années 1980 et 1990 à déserter le terrain social. Ils s'intéressèrent avec passion aux inégalités concernant les mœurs (féminisme, xénophobie, sexualité, etc.) plutôt qu'aux injustices sociales. La gauche dite *morale* supplanta la gauche *sociale*, et les *pauvres* selon Galbraith furent véritablement *oubliés*.

Disons que la *diversité* l'emporta sur l'*égalité*. Toute une lexicologie fut mise en avant pour habiller ce lâchage des classes défavorisées par ceux-là mêmes qui avaient vocation à les défendre. On remit en circulation les mots populisme, jacobinisme ou égalitarisme comme on érige des paravents linguistiques. On prit l'habitude de se gausser du prétendu archaïsme de la « gauche de gauche », comme l'appelait Pierre Bourdieu. Quant à l'argent, il devenait urgentissime, répéta-t-on partout, de le « déculpabiliser ». Cela fut fait, et au-delà de toute mesure. L'arrogance décomplexée des hyper-riches d'aujourd'hui est le fruit toxique de cette déculpabilisation méthodique. Ce n'est pas tant l'argent qu'on a déculpabilisé, ce sont les riches. Tel était d'ailleurs le but de la manœuvre.

Je n'ai aucune raison d'en faire mystère, j'ai aussi mal vécu cette nouvelle bien-pensance de Saint-Germain-des-Prés que j'avais mal accepté le sartro-marxisme des années 1960. Aux éditions du Seuil, on s'étonnait à voix haute de mon intérêt pour les « nouveaux gauchistes ». On trouvait injuste la sévérité circonspecte que m'inspirait Nicole Notat, nouvelle patronne de la CFDT assez largement ralliée à la « pensée *mainstream* ». Au *Nouvel Observateur*, on me reprocha en 1998 – parfois en termes vifs – un long article favorable à Pierre Bourdieu. Jusqu'au dernier moment, on hésita même à publier cet éloge. Je garde en tête les mises en garde qui me furent adressées. Alors quoi, Jean-Claude, tu t'es laissé embobiner ? Tu te trompes d'adversaire ? Jacques Julliard me jugea trop « réactif » et me reprocha de ne pas comprendre que le communisme restait notre ennemi principal (*sic*). En un mot, je devenais gauchiste alors que ce n'était plus la mode.

Je ne dirais pas les choses comme cela.

En réalité, je vivais professionnellement à cheval entre deux mondes. Comme journaliste et éditeur, je côtoyais l'élite politique, économique ou intellectuelle parisienne. Je rencontrais des chefs d'entreprise, des banquiers, des universitaires, mais aussi des décideurs de tout acabit. J'avais, parmi eux, quelques vrais amis et j'apprenais à décrypter leur langage, leurs codes, leurs références politiques et leurs préjugés. Je m'étais accoutumé à cette lévitation qui les tenait suspendus, en toute bonne foi, au-dessus des pesanteurs du quotidien. Voitures avec chauffeur, restaurants et secrétaires de direction, dossiers urgents sous le coude.

Comme auteur, en revanche, à mesure que paraissaient mes livres, j'étais invité par toutes sortes d'associations de province où œuvraient des gens « ordinaires ». Ce pouvait être des syndicalistes, des militants écologistes, des associations d'enseignants, des groupes comme la CIMADE (association protestante de solidarité active avec les migrants), Amnesty International, Attac, ATD-quart monde, etc. Le décor changeait du tout au tout. Petits hôtels à prix modérés, salles municipales frisquettes, cantines de lycée ou restaurants universitaires, amphis surpeuplés à Toulon, Rennes ou Strasbourg. D'un monde à l'autre, la différence de langage mais surtout de moyens me troublait. D'un côté les dossiers sur papier glacé, les attachées de presse et les communicants, les carnets d'adresses et les réseaux d'influence ; de l'autre les feuilles ronéotées, le bouche à oreille, l'entraide, le bénévolat et l'engagement « gratuit ».

Je faisais ainsi le grand écart entre deux univers. Je n'étais pas mal placé pour les voir s'éloigner l'un de l'autre à la vitesse de la lumière. Sans donner à cette remarque le moindre contenu misérabiliste, disons que je me sentais plus à mon aise dans le second univers que dans le premier. J'avais plus de plaisir à déjeuner avec le réalisateur marseillais Robert Guédiguian, proche du Parti communiste, qu'avec le gouverneur de la Banque de France ou le vice-président du MEDEF. Je voyais bien l'abîme qui les séparait et l'asymétrie du rapport de force. J'avais, malgré tout, la naïveté de croire que les « idées », même toutes nues, pourraient tenir tête à la domination. On se souvient de la question goguenarde posée par Staline : « Le pape, combien de divisions ? » La suite de l'histoire en montra la sottise.

Pourquoi n'en irait-il pas de même à l'avenir ?

4

Comment la flamme fut mise à l'abri

Quand croît le péril, croît aussi ce qui sauve (Hölderlin) : on connaît l'apophtegme. On pourrait lui adjoindre l'observation suivante : lorsqu'une société humaine se sait menacée, dans la hâte et parfois la confusion, elle s'arrange pour mettre hors d'atteinte ce qui la constitue. Je pense à ce qui est arrivé au IVe siècle de notre ère. Après la conversion de l'empereur Constantin en 313, le christianisme, jusque-là subversif et persécuté, s'apprête à devenir religion officielle de l'Empire. Ce triomphe est gros de périls, c'est-à-dire de corruption prévisible du message évangélique. De fait, le catholicisme romain, cédant au césarisme impérial, deviendra vite persécuteur à son tour. Il sera tenté par la théocratie. Dès le Ve siècle, saint Augustin n'hésitera pas à faire appel à l'armée romaine pour mettre au pas les hérétiques nestoriens ou donatistes dans son évêché d'Hippone. Par la suite, comme on le sait, l'institution catholique trahira souvent le message, au nom de ces contingences « temporelles ».

Ce qu'on oublie souvent de noter, c'est l'autre versant de cette histoire. Dès le milieu du IVe siècle, tandis que le christianisme « se mêle au monde » et s'y compromet, de grands personnages *font le choix du maquis et s'enfoncent dans le désert pour sauver l'essentiel* du message. S'exprime là un réflexe salvateur : le pas de côté, l'exil précautionneux. C'est le début du grand mouvement érémitique conduit par les « Pères du désert », notamment dans la vallée du Nil. Antoine, Macaire, Évagre, Hilarion, Isidore, Éloge, Poemen et les autres choisissent les marges, refusent les délices de la puissance temporelle au profit d'un monachisme en retrait du monde. Ils s'attachent à maintenir allumée la flamme évangélique.

J'ai toujours été fasciné par la concomitance des deux événements.

Si je rappelle cet épisode vieux de dix-sept siècles, c'est pour une raison particulière. Elle a partie liée avec l'espérance. Au IVe et au Ve siècle, un problème récurrent préoccupait ces Pères du désert, livrés à la solitude, à la méditation et à la frugalité volontaire, voire à une pauvreté famélique. Ils redoutaient l'engourdissement de l'âme, la fatigue spirituelle qui surgit parfois au milieu du jour et assombrit l'âme de l'ermite. À propos de cette défaillance, on parlait du péché d'acédie (*acedia* en latin), lequel consiste en un *renoncement à l'espérance*. Cette exténuation était jugée si dangereuse dans ses conséquences qu'on plaçait alors l'acédie au premier rang des péchés capitaux, avant la luxure ou la violence. Rien de plus logique. Souvenons-nous que Dante, dans *La Divine Comédie*, fait figurer une inscription explicite à l'entrée de l'enfer : « Vous qui entrez ici, quittez toute espérance. » Dans la tradition chrétienne, l'enfer est le lieu spécifique de l'inespoir.

Il serait ridicule de comparer ce qui n'est pas comparable. Des réflexions d'ordre théologique ne peuvent être transposées sur le terrain politique. Il n'empêche ! Prenons le rapprochement comme une métaphore. Toutes proportions gardées, il s'est produit dans les années 1980 un mouvement structurellement similaire. Menacée d'extinction – ou de confiscation – par le « capitalisme du désastre », mal protégée par les atermoiements du social-libéralisme rallié à contretemps au marché, la flamme de l'espérance démocratique s'est réfugiée d'instinct dans les profondeurs labyrinthiques de nos sociétés.

Cette transhumance s'est effectuée de manière diffuse, spontanée, brouillonne. Elle a pris des formes parfois apolitiques, d'autres fois très politiques. Dans le premier cas, je pense à l'engagement actuel de centaines de milliers de bénévoles dans le monde associatif, tous secteurs confondus. Des réseaux de solidarité comme « les Restos du cœur », ATD-quart monde, le Secours populaire, le MAN (mouvement pour une alternative non violente), Génépi (groupement étudiant national d'enseignement aux personnes incarcérées), Emmaus, France Terre d'Asile et bien d'autres tentent de parer au plus pressé. Ces bénévoles, dédaignés par les grands médias, s'obstinent à ravauder le tissu social déchiré. Dans l'anonymat du « local », ils pallient tant bien que mal les insuffisances de l'État et du politique. Au dessein démocratique défaillant, ils substituent l'intervention impérative, modeste mais concrète des citoyens ordinaires.

Par chance, comme auteur, je rencontre plusieurs fois par an ces associations pour débattre avec ceux, souvent très jeunes, qui les animent. Ce sont autant de leçons d'espérance. Et de leçons tout court. Je pense entre autres à une rencontre organisée à Blois et à laquelle j'étais convié comme « intervenant ». J'avais écouté parler de très jeunes militants (et militantes) du MAN, d'Amnesty International et du Génépi. Ils évoquaient leur engagement avec une telle flamme, une gaieté si communicative que ma propre intervention m'avait semblé superflue. J'avais proposé qu'on la remplace par un dialogue informel. Ce qui fut fait.

À l'échelle du monde, l'humanitaire obéit au même réflexe et remplit à peu près la même fonction. Le « privé » prend la main pour combler le *manque* de solidarité agissante induit par le retrait du « public ». Dans cette optique, les « trente piteuses » évoquées plus haut furent aussi trois décennies *qui virent se renforcer partout dans le monde l'activité des ONG*. L'acronyme dit bien ce qu'il veut dire : organisations *non* gouvernementales. En 2012, elles sont devenues des actrices à part entière de la politique internationale. De la santé aux droits de l'homme, de la faim au souci de l'environnement, elles couvrent tout le spectre des activités humaines. Diverses, inégalement efficaces, plus ou moins rigoureuses et quelquefois carrément folkloriques, elles sont difficiles à dénombrer. On peut assurer qu'elles sont plusieurs dizaines de millions sur la planète. Pour la seule fédération indienne, on estime leur nombre à trois millions. En Chine, elles seraient plusieurs milliers, généralement critiques à l'endroit du pouvoir.

Dans l'un et l'autre cas, l'extraordinaire effervescence du bénévolat est à la fois magnifique et politiquement embarrassante. Les bénévoles en sont conscients. En tempérant les cruautés de la société marchande, le mouvement associatif permet de panser les plaies, mais, du même coup, il aide le système à perdurer. En accomplissant les tâches dévolues à l'État, il permet paradoxalement à ce dernier de se défausser à peu de frais d'une tâche qui lui incombait. Or cette « privatisation » de la solidarité est lourde de périls. On peut craindre que, de proche en proche, la *charité* prenne la place de la *justice sociale*, au prix d'une grave régression historique. C'est déjà le cas dans le monde anglo-saxon, et la même logique gagne aujourd'hui l'Europe.

Autre péril : l'humanitaire sans frontières est fréquemment instrumentalisé par une diplomatie d'État en panne de solution, ou de courage. Hubert Védrine, alors conseiller de François Mitterrand, m'en faisait jadis la confidence : « Quand on est en panne de solution sur une tragédie internationale, on envoie Kouchner et on montre à la télévision des avions qui décollent avec des médicaments. » Quant aux modes de fonctionnement des ONG, il tend à se professionnaliser. L'effet en est bénéfique, certes, mais le bénévolat change alors de nature. Il s'éloigne de sa générosité originelle et se voit plus ou moins happé par la froide logique de l'efficacité.

Dans le meilleur des cas, il chemine sur un étroit chemin de crête entre l'amateurisme inefficace et le professionnalisme sans âme. Cela n'enlève rien à cette aveuglante vérité : aujourd'hui comme hier, ces millions d'anonymes, ces sentinelles du désastre, *tiennent vivante la flamme de l'espérance.*

⁂

Je suis d'autant plus sensible à cette noblesse originelle de l'humanitaire que je l'ai vu naître. De même que je l'ai vu s'affronter aux contradictions dans lesquelles il se débat encore. J'étais jeune journaliste au Biafra, à la fin des années 1960, là où une poignée de jeunes médecins, volontaires de la Croix-Rouge française, commencèrent à concevoir la création (réalisée en 1971) de « Médecins sans frontières ». Les visages de ces pionniers, dont certains sont devenus des amis, habitent encore ma mémoire : Minor Hernandez, Max Récamier, Jean-Paul Rist, Anne-Marie Barbé, Alain Rigaud, Jacques Bérès, Vladimir Radoman, Jean-Claude Camus, Rony Braumann, Bernard Kouchner, et bien d'autres. Je les ai connus dans l'état inaugural de leur engagement. Exténués par des journées de dix-huit heures dans la fournaise des tropiques et l'odeur éprouvante des *wards* (baraquements) d'Awo Omama (au Biafra), ils opéraient sans relâche. L'effort était si éprouvant qu'on devait changer les équipes tous les deux mois.

J'ai aussi vu naître et s'amplifier la colère de ces toubibs contre la sclérose des grandes institutions et le silence abject des « raisons d'État » face à l'injustice et aux massacres. Le sursaut, l'exaspération, l'espérance qui les animaient m'ont ensuite accompagné pendant près de vingt ans. Du Vietnam au Proche-Orient, de l'Éthiopie au Bangladesh, le journaliste que j'étais a toujours croisé leur route.

Que l'humanitaire fasse aujourd'hui débat, j'en suis convaincu. Qu'il mérite la critique, je l'admets volontiers. Que la défense des droits de l'homme – le « droit-de-l'hommisme », comme disent ses ennemis – ne suffise toujours pas à définir une politique étrangère, j'en suis bien d'accord. Que quelques-uns des *French doctors* aient dérapé vers l'affairisme ou la froide ambition politicienne, je ne le sais que trop. Tout cela étant pris en compte, j'affirme cependant que la plupart d'entre eux furent de magnifiques *porteurs d'espérance*. Les militants d'aujourd'hui, ceux de Blois et d'ailleurs, participent du même engagement. Ils se heurtent à des contradictions comparables. Cela ne les arrête pas.

Ajoutons que la vitalité associative surgie du cataclysme social ne se réduit pas aux seules questions médicales et humanitaires. Sur le terrain de la culture, menacée elle aussi par la pression de l'argent et par l'utilitarisme à courte vue, on ne compte plus les associations à Paris comme en province. Infiniment diverses dans leur objet, elles sont reliées par une même intention : créer des enclaves hors système, des territoires voués à la rencontre, des carrefours propices aux échanges sans esbroufe et aux débats de fond. Pour avoir rencontré nombre d'entre elles, dans toutes les régions, je sais d'expérience que ces échanges sont de qualité.

Ils ont lieu en outre dans les endroits les plus inattendus. Quand un soir d'hiver, au bout de nulle part, on tombe sur quatre ou cinq cents personnes rassemblées en quête d'idées neuves, d'engagements partagés, de ressourcement intellectuel, cela n'incline pas au défaitisme. Avouons-le, je suis pourtant allé à certains de ces rendez-vous avec un brin de lassitude. Je remplissais en ronchonnant un engagement pris plusieurs mois auparavant. Remobilisé entre-temps par les (fausses) urgences du quotidien, je soupirais à l'idée de perdre du temps. C'était à tort. Après coup, jamais – je dis bien jamais ! – je n'ai regretté une seule de ces rencontres. J'en revenais avec la certitude d'avoir reçu, en matière d'idées et d'espérance, bien plus que je n'avais donné.

Entre cent autres, je garde en tête une soirée passée avec un groupe du mouvement ATTAC à Montfort-en-Chalosse, dans les Landes. J'étais convié à un dialogue avec un économiste de l'université de Toulouse, François Morin, qui venait de publier un livre étonnant de clairvoyance – et de technicité – sur ce qu'il appelait le « nouveau mur de l'argent [1] ». La soirée s'est prolongée jusqu'à une heure avancée de la nuit, et nous avons tous deux débattu avec les quelques centaines de personnes présentes. Je pourrais broder sur la convivialité très gasconne – et festive – qui présidait à cette rencontre. Je préfère insister sur la rigueur et la qualité

1. François Morin, *Le Nouveau Mur de l'argent. Essai sur la finance globalisée*, Éd. du Seuil, 2006.

des échanges. Nous étions loin (au sens de « très en avant ») des sempiternels radotages télévisés. Quant aux analyses financières de mon vis-à-vis, quiconque les relirait aujourd'hui s'apercevrait que tous les dérapages, toutes les folies de la crise dite des *subprimes* de septembre 2008 s'y trouvaient annoncés et décrits par le menu. Et ce, six ans avant que cela ne se réalise ! En entendant, plus tard, quantité de commentateurs (et de politiques) proclamer partout que cette crise était « imprévisible », j'enrageais pour de bon.

Au total, à raison d'une soixantaine par an, j'ai eu la chance de participer à plusieurs centaines de rencontres analogues. Ce pouvait être avec ATTAC, les « Amis de *L'Humanité* », les réseaux protestants, l'Action catholique ouvrière, les associations d'étudiants, les groupes féminins de « Connaissance et vie d'aujourd'hui », les « Dialogues en humanité » de Lyon, les travailleurs sociaux, le « Collège méditerranéen des libertés » de Toulon et tant d'autres rencontres du même style ! Toutes différentes, elles m'ont permis de vérifier *in concreto* l'extraordinaire vitalité de la société civile. Je trouvais chez elles une détermination plus affirmée que du côté des « vieux » partis politiques.

Chacune à sa manière, mais de façon très claire, ces associations affichent d'ailleurs la même intention : Osons la métamorphose ! Changeons le monde ! Je reprends ici les mots d'ordre des Dialogues en humanité, lesquels proposent en outre une formule qui me parle : *L'avenir en mémoire vive !*

⁂

Ce repli dans les marges de l'espérance, cet activisme associatif réfugié à bonne distance de l'institutionnel, peut aussi s'inscrire dans une stratégie plus directement politique. En écrivant cela, je pense à la très vaste nébuleuse altermondialiste mise en réseau à l'échelle de la planète. Je pense aussi aux dizaines de milliers d'expériences alternatives de toute nature, aux forums sociaux de Porto Alegre (Brésil), de Mumbai (Inde) ou de Dakar (Sénégal), aux mouvements de toutes obédiences et aux « communautés de projet » qui naissent ici et là à la barbe de l'appareil médiatique. Leur première efflorescence date, elle aussi, des années 1980 et 1990, et ce n'est pas par hasard. À la crise des structures politiques, syndicales ou universitaires répondait une montée en puissance des mouvements alternatifs.

Bien sûr, leur diversité interdit à elle seule toute description globalisante ou « exhaustive ». Quoi de commun entre le mouvement français ATTAC (né en 1998), les confédérations paysannes, le riche réseau français Utopia, les groupuscules locaux attachés à la décroissance, les structures agricoles informelles de l'hémisphère Sud, les éphémères « comités » conduisant une lutte particulière ou s'efforçant de résister à une domination spécifique, les coordinations provisoires, les clubs de réflexion transnationaux ou encore la multitude cosmopolite des réseaux sociaux présents sur le Web et des cyberdissidences capables d'infléchir ponctuellement le cours des événements ou de déjouer les calculs du pouvoir ? On a vu ces nouveaux résistants à l'œuvre en Iran en 2009, puis en Tunisie et dans le monde arabe en 2011 et 2012. On a pu vérifier que l'efficacité de leur action pouvait coïncider avec une spectaculaire économie de moyens.

De la même façon, on peut se demander s'il existe une quelconque interférence entre les « indignés » d'Espagne ou d'Amérique, les « anonymous » du Proche-Orient ou d'Europe, les *hackers* de Wikileaks, capables de percer les secrets diplomatiques ou de rendre public ce qui était caché. Convergence ? Cohérence ? Il serait naïf d'imaginer qu'entre ces initiatives éparses soit déjà constitué quelque chose comme un projet politique en bonne et due forme. N'attendons pas que ces divers militants sortent de leur chapeau une « solution » toute ficelée et, pourquoi pas, un programme de gouvernement. Or c'est cela que les gens « raisonnables » leur reprochent. On oppose à la vitalité combative des « alters » le sempiternel argument : que proposent-ils comme solution ? À ceux qui cherchent une issue à la panique ambiante, on fait grief de ne pas l'avoir trouvée. L'injonction est insensée.

Oui, en effet, ce bouillonnement est traversé par des contradictions, des divergences irréductibles, des dogmatismes contestables. Il n'empêche ! Un tel désordre auto-organisateur est plus prometteur, plus nécessaire, plus *vivant* que la plupart des institutions du Vieux Monde qui, elles, sont à bout de souffle. C'est là que le *nouveau* pousse sa corne et commence à transformer, peu à peu, les institutions. Dans le désordre, dans l'excès, dans l'imprévisibilité, quelque chose de notre futur est en gestation. Une certitude, une seule, fédère déjà ces déterminations éparpillées. Elle s'exprime en une toute petite phrase : *Un autre monde est possible*. Cette conviction clamée illustre par sa seule existence la profondeur de la désespérance contemporaine.

Qu'un autre monde soit possible, tous les Occidentaux en étaient convaincus depuis des siècles. Qu'il faille en faire aujourd'hui un slogan protestataire est symptomatique. Hier encore, cette conviction était *minimale*. Qu'on la juge aujourd'hui subversive ou « rêveuse » en dit long sur la déréliction dans laquelle nous avons sombré. Plutôt que déréliction, un mot trop religieusement connoté, je préfère user d'une formule plus directe : *exténuation de l'espérance*. Il s'agit bien de cela.

Là se cache la désertion qu'il faut refuser.

Pour mieux parler d'une des plus jeunes de ces associations « alters », j'avoue avoir une sympathie particulière pour le réseau Utopia évoqué plus haut, qui affirme clairement son ambition de « changer le monde ». Il se présente tout à la fois comme un club de réflexion, une ONG, une maison d'édition, un mouvement de résistance et d'expérimentation concrète. Son activité est plus « provinciale » que parisienne. Situé à gauche, ce réseau se veut à la fois « transpartis », c'est-à-dire impliqué mais indépendant. Ses animateurs – de tous âges ! – ont repris à leur compte cette proclamation d'Oscar Wilde que Danielle Mitterrand avait faite sienne en fondant France Liberté : « Avoir des rêves suffisamment grands pour ne pas les perdre de vue en les poursuivant. »

Je signe des deux mains.

⁂

Un mot encore sur le sujet. Entre les années 2008 et 2012, même dans les rangs de la droite occidentale la plus convenue, même à l'extrême droite, chacun s'indigna tout soudain du cynisme des virtuoses de la finance ; on trouva subitement *indécents* les salaires des hyper-riches et des grands patrons ; on jugea urgent de « réguler » la mondialisation ; on multiplia les colères télégéniques pour déplorer la désindustrialisation de l'Europe ; on promit de supprimer les paradis fiscaux et d'instaurer une taxation des spéculations financières. Le reste fut à l'avenant. Faisant cela, on exhumait sans complexes des revendications mises en avant depuis plus de quinze ans par… les altermondialistes. Ceux-là mêmes dont on s'était tant moqué dans les années 1990 et 2000.

Ainsi tourne et se retourne la valse des engouements. L'essentiel est ailleurs : la flamme de l'espérance, heureusement, aura bien été soustraite à trop de soupirs résignés qui risquaient, à force, de l'éteindre…

5

Quand nous flanchons…

Je mentirais en affirmant que le découragement ne m'habite jamais.

Nous avons tous nos paniques. Comme tout un chacun, je traverse des « trous d'air », et mon espérance s'en trouve durement secouée. Quand la chose survient, cela commence de façon très concrète, j'allais écrire « physique ». Je répertorie autour de moi les signes d'un écroulement. Je les côtoyais jusque-là sans les voir, voilà qu'ils me sautent aux yeux. Villes du Nord ou de l'Est transformées en friches industrielles ou en déserts urbains, banlieues à l'abandon, laideur répétée des entrées ou sorties des villes, souffrances sociales qui s'accroissent et se banalisent en même temps. Et tant d'autres fêlures.

Je garde en tête le souvenir d'une errance imprévue à Sedan où je devais passer pour gagner les Ardennes belges. J'étais en quête d'un restaurant ou d'une brasserie. Je ne trouvai ce jour-là que des vitrines aveugles, des écriteaux « À vendre », des squares à l'abandon et les rives de la Meuse désertées. Comme beaucoup de villes, Sedan, ancienne garnison opulente, voyait l'Histoire et la vie s'éloigner d'elle. À de nombreuses autres occasions, d'Arras à Béthune ou d'Alès à Mauléon, il m'est arrivé d'errer pareillement dans des territoires où tout me parlait de naufrage, d'abandon et d'angoisse.

Un même sentiment m'assaille parfois jusque dans la campagne charentaise où j'habite le plus clair du temps. Elle aussi a changé de visage. Dans mon canton (celui de La Rochefoucauld), je connais chaque recoin de bois ou de prairie, le plus petit hameau, la topographie des chemins creux et des allées forestières. J'arpente ce périmètre depuis mon enfance. Un peu comme les marins tablent sur leurs amers terrestres pour évaluer la position de leur bateau sur l'océan, je mesure les métamorphoses historiques du paysage à l'aune de mes propres souvenirs. Or ce canton français, je le vois changer depuis plusieurs décennies. Ce fut d'abord avec une lenteur imperceptible, puis tout s'est accéléré, voire précipité.

Soyons justes : au premier regard, les transformations semblent aimables. Habitations rénovées, moulins à eau restaurés à l'identique, villages propres, forêts entretenues et débroussaillées comme elles ne le furent jamais lorsque j'étais enfant, églises villageoises ravalées et nanties d'un toit neuf, etc. On n'aperçoit plus nulle part autour des maisons ce désordre de ferrailles rouillées, de vieux pneus, de brabants au rancart, de carcasses de voitures, de charrettes hors d'âge ou de fumier envahissant. On chercherait en vain tout ce que Julien Gracq évoquait en parlant des mille et une « activités gagne-petit » qui verdissaient sur le quotidien campagnard (on ne disait pas encore « rural »). Dans la campagne autour de chez moi, le décor est plus net, plus soigné, d'apparence plus prospère. À bien des égards, la faune locale – rapaces, chevreuils, sangliers, renards – est mieux protégée, surveillée, « régulée », comme on dit, qu'elle ne le fut jamais. Et pourtant ! Toutes les transformations ne sont pas si réjouissantes.

Les villages sont mieux tenus, c'est vrai, mais le café-tabac a disparu depuis longtemps, l'épicerie est fermée, de même que le bureau de poste, et souvent l'école. Sauf exception, les lignes de chemin de fer secondaires ont été supprimées. On a mis en vente les maisonnettes où logeaient les gardes-barrières. La plupart des églises romanes éparpillées dans le département ont été restaurées, mais elles sont vides, et leurs clochers, silencieux. J'ajoute que leurs portes sont maintenant fermées à double tour, ce qui est prudent mais fait symbole. Les chemins vicinaux sont élagués plusieurs fois par an, mais plus grand monde ne les emprunte, hormis les promeneurs du dimanche et les amateurs de VTT.

Quant aux parcelles agricoles, leur surface a été décuplée (mécanisation oblige), mais au prix de l'arrachage des bosquets, de l'arasement des fossés et du nivellement des bosses qui donnaient leurs visages aux petits « pays ». Une chose est d'évoquer les effets pervers du productivisme agricole, autre chose est d'en éprouver la réalité. Je ne reconnais plus la campagne où je vis. En marchant dans les bois, en arpentant la vallée du Bandiat ou celle de la Tardoire – ce que je fais presque chaque jour –, je retrouve à l'état de traces, cachés par les ronces, les anciens murets, les fossés de drainage, les barrières ou les cahutes qui composaient autrefois une géographie vivante.

Oh, bien sûr, je ne suis pas assez bête pour m'indigner en bloc.

L'autre moitié de mes propres souvenirs m'empêche d'idéaliser le « bon vieux temps », celui de ma grand-mère avec ses lessives harassantes, ses mains abîmées et ses rides tôt creusées. Je n'ai pas oublié les fatigues, les souffrances et les enfermements maussades qui étaient le lot des campagnes charentaises quand j'avais dix ans. Je me souviens des fermes au sol de terre battue et des rudes journées des paysans d'alors. Le pain en couronne n'était acheté qu'une fois par semaine, et l'après-midi les casse-croûte se réduisaient à un morceau de morue arraché au stockfisch qui pendait à une poutre de la pièce commune. Il n'empêche ! J'ai beau m'interdire les regrets nigauds, chaque déambulation autour de chez moi renforce la même impression de perte. La vie profuse s'est retirée de ces territoires « améliorés ». Y prévaut un principe général de géométrie, de rationalité, de mécanisation et de chiffrage. Loin de me réjouir, cette mise en ordre m'angoisse. Elle pue la mort. On ne le dit pas assez : nos campagnes ont leurs friches elles aussi (à ne pas confondre avec les jachères). Elles représentent déjà, dit-on, des centaines de milliers d'hectares. À la désindustrialisation des cités répond aujourd'hui la désertification des campagnes.

Quant aux lieux de vie d'autrefois, ils sont pieusement restaurés et comme thésaurisés avec précaution. Nos campagnes n'abritent plus beaucoup de vie, mais elles protègent, avec un soin jaloux, leur *patrimoine*. Elles le recensent, le photographient, publient des livres qui le décrivent bien mieux qu'autrefois. La logique du musée et de l'archivage a triomphé. Œuvre utile, c'est aussi une démarche d'embaumement, de mise en bière, de mort.

Dans ces moments, je l'avoue, mon optimisme flanche. Plus grave encore : alors même que je la combats d'ordinaire, la nostalgie – une bête nostalgie – me gagne. Je m'en défends, je la repousse, mais elle revient en force. Elle me rappelle avec insistance qu'il existait jadis une manière de *joie*, une appétence pour le bonheur partagé, tout un maillage de liens humains dont nous sommes orphelins. Les vaches de mon enfance portaient des prénoms. Celles d'aujourd'hui ont des microprocesseurs RFID (de l'anglais *Radio Frequency Identification*) rivetés à leurs oreilles.

Oh, bien sûr, cette survalorisation du passé vient en général de la corrélation qui s'établit entre ce dernier et notre propre jeunesse. La nostalgie n'est parfois qu'un regret inavoué pour une enfance enfuie. Une enfance ? Je garde en tête la tiédeur des étables odorantes, les cavales éperdues dans les prairies de juillet livrées aux hannetons et à ces grosses sauterelles vertes que nous saisissions avec un peu de crainte, les criailleries d'oiseaux, et tout le reste. Je sais qu'il faut tenir ces regrets à distance. Ils sont sélectifs.

Dans les moments de doute pourtant, le raisonnement ne me convainc qu'à moitié. S'agit-il uniquement de ma propre enfance ? Suis-je vraiment en train de réinventer le passé en l'enjolivant ? Pour en avoir le cœur net, je scrute les quelques photos jaunies héritées de mes grands-parents. Elles datent du début du XXe siècle. J'y contemple des fêtes villageoises, des rituels domestiques bien plus anciens que ma naissance, comme le cassage des noix, le découpage annuel du cochon ou les battages. Je vois des hommes et des femmes qui sourient, prennent leur temps, et sont de plain-pied *dans la vie*. L'une de ces rares photos excite ma curiosité. La présence de mon père alors garçonnet (il est né en 1894) me permet de dater le cliché, disons aux alentours de 1905. Il montre une vingtaine de travailleurs rassemblés devant une façade et tenant à la main leurs outils (seaux, racloirs, perches) utilisés au moulin pour moudre le grain et transporter la farine. Quelques visages de femmes et trois enfants chapeautés sont présents. À bien la regarder, cette photo, comme les autres clichés sépia, contient tous les signes d'une convivialité robuste et charnelle, une paisible évidence du « nous », une épaisseur du quotidien ; autant de choses que je ne trouve plus guère dans ma Charente policée et « technique » du XXIe siècle.

Les agriculteurs d'aujourd'hui sont des chefs d'entreprise aux prises avec les règlements et la paperasse. Ils sont les fils dont j'ai connu les pères. Dans la cabine de leurs tracteurs, ils communiquent par le biais d'un Smartphone, et rentrés chez eux passent devant leurs ordinateurs ou sur Internet le même temps que les Parisiens. Ils sont tenus serré par les soucis de comptabilité, de rendements à l'hectare, de quotas laitiers ou de pannes informatiques. Ils suivent, *via* Google, le cours mondial du maïs ou du colza qu'ils produisent. Nul ne songerait – et surtout pas moi – à leur reprocher d'être modernes. Ont-ils le choix ? Par bien des côtés, ils vivent d'ailleurs mieux que leurs parents ou grands-parents. Ils sont plus riches, mieux soignés, moins vieillis avant l'âge. Je les sais pourtant tourmentés. Je les vois plus seuls. Et plus soucieux. Et plus sombres. Cette perte-là n'est pas comptabilisable. Elle est indicible. Est-elle imaginaire ?

Sûrement pas. Le choix d'une agriculture productiviste qui a transformé et dépeuplé ainsi nos campagnes est aujourd'hui rétrospectivement critiqué par certains de ceux qui en furent les promoteurs. Je songe à Edgar Pisani, ancien ministre de l'Agriculture sous de Gaulle, et dont j'ai eu la chance d'être l'éditeur. Il eut le rare courage de reconnaître que le choix productiviste fut l'une des plus grandes erreurs de sa vie. Il le fit notamment en mars 2004, lors d'un Salon de l'agriculture à Paris où je l'avais invité à débattre avec José Bové. Ce dernier n'avait pas caché la très haute estime dans laquelle il tenait Pisani.

Qui ressent, sur le terrain, pareille perte vitale est confusément tenté par une envie de rattrapage. On cherche des substituts. On s'invente des « nous » de remplacement. Et c'est bien ce que je constate autour de chez moi. Sur les départementales ou les chemins vicinaux, on croise des groupes de retraités rassemblés pour des randonnées matinales. Ils trouvent là un moyen de « faire de l'exercice », comme les y invite leur médecin. Mais je sais qu'en reprenant ensemble ces GR (grandes randonnées) désormais balisées, ils tentent *aussi* de ressouder vaille que vaille, et pour quelques heures, un lien qui s'est rompu. La même remarque vaut pour les initiatives alternatives qui, sans bruit, fleurissent ici comme dans la France entière : fermes bio et paniers prépayés, associations pour le maintien d'une agriculture paysanne (AMAP), rejet de la monnaie officielle au profit des systèmes d'échange locaux (SEL), associations pour une frugalité volontaire, réseaux pour la promotion de la lenteur, etc.

Nul ne sait si ces initiatives pourront résister à la grande économie qui les surplombe. Elles expriment en tout cas, chacune à sa façon, une nostalgie agissante sur laquelle on aurait tort d'ironiser. Le désarroi auquel ces obstinés veulent répondre nous habite tous. Du désarroi à la crainte, la distance n'est pas si grande. Elle l'est moins encore de la crainte au pessimisme. En évoquant plus haut l'*acédie* qui submergeait quelquefois les moines de l'Antiquité tardive, réfugiés dans l'âpre solitude de la vallée du Nil, je pensais à celle que j'affronte dans ces moments-là : un affaissement de l'espérance, un tourment bizarre, un inexprimable chagrin. Il nous convainc que le ciel nous tombe littéralement sur la tête, que notre monde commun se défait.

Cette perspective provoque, en effet, une bouffée d'*acédie*. Elle assombrit le regard que nous jetons sur les choses et les gens. À Paris où je travaille, on qualifie de « réactionnaires » ces abattements plus ou moins nostalgiques. Je n'ai pas été le dernier, je l'avoue, à m'en moquer. Je reproche parfois à certains amis parisiens d'être emprisonnés dans la « pensée grognonne ». Cela fait l'objet, entre nous, de discussions d'autant plus vives qu'une part de moi-même – et de chacun d'entre nous ! – demeure vulnérable au découragement et abrite par conséquent un grognon en puissance. Dans nos tréfonds, nous pressentons la radicalité des changements dans lesquels nos sociétés sont entraînées. Un monde commun, avec ses repères, ses récits fondateurs, son ordre symbolique, ses croyances et son *habitus*, est peu à peu englouti. Et nous sommes ses naufragés. Endeuillés, paniqués parfois.

⁂

Soyons honnêtes à ce sujet : pas un homme, pas une femme de plus de trente ou quarante ans ne peut échapper à ce que j'appelle la *grande inquiétude*. Elle est fugitive, mais nous tient à sa merci comme une maladie récidivante. Rien de plus logique. Le monde dans lequel nous sommes nés n'existe plus. La façon dont nous avons appris à être citoyens, salariés, entrepreneurs, fonctionnaires, employés, pères ou mères de famille, conjoints, enseignants, médecins, juges ou journalistes, ne correspond plus du tout aux us en vigueur. Les façons de vivre ensemble sont périmées, comme le sont la plupart des institutions démocratiques qui fonctionnaient tant bien que mal avant-hier : État, école, Justice, Églises, syndicats, entreprises, partis politiques, etc. Nous sommes libérés et orphelins. Cette solitude endeuillée est d'autant plus cruelle qu'elle coïncide avec l'effacement des diverses cultures – paysanne, ouvrière, nationale ou politique –, la destruction de ces « nous » qui nous emmitouflaient.

Il y a perte et perte, et il faut s'entendre sur les mots. Je déteste les lamentations d'usage sur la perte des valeurs. Ce lieu commun relève du bêtisier contemporain. Le mot *valeur* est frelaté, tant il peut faire l'objet d'interprétations contraires et querelleuses. Je préfère emprunter à Émile Durkheim son concept de *représentations collectives*. Il désigne l'ensemble des convictions librement choisies et partagées qui permettent de solidifier une cohésion sociale. Au-delà des pluralités d'opinions, qu'elles respectent, elles constituent le socle, le viatique minimal sur lequel se construit un groupe humain, c'est-à-dire une *société*. La définition que donne de ce dernier mot *Le Petit Robert* est parlante. Une société procède des « relations entre des personnes qui ont ou qui mettent quelque chose en commun ». Or nous ne savons plus très bien ce que nous mettons aujourd'hui en commun.

La *monnaie* symbolique, le tropisme communautaire qui, hier encore, nous permettait de faire le lien n'a plus cours. Nous vivons en puisant dans des gisements fossiles. Ils sont de moins en moins atteignables. Et nous savons très bien qu'à l'instar de réserves de pétrole ils sont en voie d'épuisement.

J'ai toujours pensé que ces fameuses représentations collectives consistaient en des *convictions*. Elles appartiennent au registre de la croyance, non point au sens religieux du terme, mais dans une acception plus large : croyances ou postulats politiques, philosophiques, économiques, technologiques, etc. Pour reprendre la belle expression du philosophe Paul-Louis Landsberg, ces croyances sont autant d'adhésions assumées et humanisantes « à des causes imparfaites [1] ». En 2005, j'ai tenté de prendre à bras-le-corps cette problématique de la croyance, et de son double négatif que j'appelle la « décroyance [2] ». J'en ai tiré la certitude que nul homme ne peut vivre sans croyance. Le plus ardent sceptique est au moins convaincu que son scepticisme est préférable au reste. Du coup, il est lui aussi un *croyant*, même s'il ne le sait pas. Le philosophe Ludwig Wittgenstein pointait avec ironie ce paradoxe dans un petit texte étincelant : *De la certitude* (Gallimard, 1995).

1. Arrêté par la Gestapo en mars 1943, Landsberg est mort en déportation au camp d'Oranienburg en 1944.

2. *La Force de conviction. À quoi pouvons-nous croire ?*, Éd. du Seuil, 2005, et « Points Essais », nº 552.

Il est vrai aussi que toute croyance – qu'elle soit athée ou religieuse – est guettée par sa propre pathologie : dogmatisme, raideur, sclérose, fanatisme. Condamnés tout à la fois à croire et à nous méfier de la croyance, nous devons, vaille que vaille, nous débrouiller avec cela. Ce n'est jamais facile, d'où la tentation de contourner l'obstacle pour nous éloigner du danger. En témoigne l'étrange silence qui règne désormais dans les sphères du savoir dès qu'il est question du *sens* des choses. Chaque semaine, je retrouve à Paris le petit monde dans lequel j'évolue. J'y trouve ainsi une autre raison d'être frappé d'*acédie*. Elle tient à ce qu'on pourrait appeler, après le philosophe et écrivain Julien Benda, la *nouvelle trahison des clercs*. Il s'agit cette fois d'une trahison en creux, par l'évitement, par l'excès de prudence, par l'absence de point de vue, une absence pas seulement assumée, mais revendiquée.

En 1927, au nom de la raison, Benda reprochait aux clercs d'avoir sacrifié au dogmatisme cocardier et réactionnaire. On est médusé aujourd'hui par la prudence de nos nouveaux clercs dès lors qu'il est question de sens, de conviction, d'opinion. Ils clament leur intention de se placer « d'un point de vue simplement descriptif ». Combien de fois ai-je entendu cette expression ! Ils avancent à l'abri de ce parapluie épistémologique. L'approche des idées se ramène ainsi à une histoire des idées, et le questionnement philosophique, à une histoire de la philosophie. Le reste est à l'avenant. Le territoire de la croyance est devenu radioactif, et l'on s'en tient à bonne distance. La conviction s'efface prudemment derrière le « constat ». L'engagement est contourné au bénéfice d'une typologie savante et énumérative. Pour cette raison – et sauf exceptions notables –, l'Université tout entière donne l'impression de ne plus rien dire. Pour parler plus crûment, elle nous semble *délabrée*.

Cela nous renvoie aux belles réprobations de Charles Péguy (dont Benda fut proche) contre « cette histoire qui envahit tout ». Celle qui s'interdit d'exprimer un point de vue, au risque de se présenter en morne greffière de l'aventure humaine. Je ne citerai que ces lignes de 1909 : « Afin de ne pas nous prononcer nous-mêmes, ce qui est notre plus grande sollicitude, nous essayons, nous entreprenons de faire prononcer l'histoire à notre place [1]. »

Pourquoi en revenir, sur ce point, à Péguy et à un texte qui date d'un bon siècle ? Parce qu'une dimension au moins de l'air du temps lui redonne son actualité. Je parle ici de la pensée dite « post-moderne », celle dont Castoriadis se moquait tant. Elle annonce tout à la fois la fin des « grands récits », la dissolution des identités et des particularismes. Elle régna – souterrainement – pendant plusieurs décennies sur le discours médiatique ordinaire. Elle devint *mainstream*, c'est-à-dire pensée dominante. Elle seule dirait la vérité d'une époque et l'avenir d'une culture.

1. Charles Péguy, *De la situation faite à l'histoire dans la philosophie générale du monde moderne*, Œuvres, Gallimard, « La Pléiade », t. 2, p. 1085. (Pour la clarté, j'ai ponctué ces lignes, là où Péguy ne le faisait pas.)

La postmodernité a perdu aujourd'hui de son influence, mais elle imprègne toujours ce que le sociologue Ulrich Beck appelle la *subpolitique*, c'est-à-dire la sous-culture médiatique. Je pense que c'est à tort. Les références obligées à l'excellent Jean-François Lyotard, qui en fut le père fondateur, me semblent devenues vaines. Il est assez facile de comprendre pourquoi. Le texte communément cité de Lyotard (*La Condition postmoderne*) date de 1979. Il est antérieur aux formidables ébranlements que nous connaissons depuis un quart de siècle. Aujourd'hui, la postmodernité est dépassée par un raz de marée historique. Elle n'est plus que l'alibi des prudents – ou des malins – qui se tiennent cois dans la tempête.

Un auteur a courageusement tiré les conséquences de cette impasse : Tzvetan Todorov. Devenu célèbre en Europe et aux États-Unis dans le domaine très postmoderne de la linguistique, il eut le courage de rompre avec cette mouvance poststructuraliste et d'exprimer pourquoi dans un livre saisissant publié en 2002 [1]. Il explique qu'il s'est rendu compte, à la longue, qu'une question n'était jamais abordée par les postmodernes autoproclamés : celle du sens.

⁂

1. Tzvetan Todorov, *Devoirs et Délices : une vie de passeur* (entretiens avec Catherine Portevin), Éd. du Seuil, 2002, et « Points Essais », 2006.

Sentiment de vide dans ma campagne charentaise, impression de silence peureux à Paris : si étrange que cela puisse paraître, ces deux *absences* se font écho, semaine après semaine. Paris-province : ma vie est rythmée par leur alternance. Or à toute chose malheur est bon. Ce troublant cousinage, par ricochet, ranime en moi la flamme. Elle reprend toute sa force dès que je tire la leçon d'une évidence : ce que nous prenons pour des effondrements, ce ne sont que des métamorphoses. Ce n'est pas l'histoire humaine qui fait naufrage, c'est une séquence de celle-ci qui s'achève ; ce n'est pas « le » monde qui nous tombe sur la tête, c'est « un » monde qui fait place au suivant.

La société humaine n'est pas en perdition. Elle mue. C'est dire si l'espérance est plus que jamais d'actualité…

6
Un autre monde respire déjà

Il est une phrase de Gandhi dont je ne me lasse pas : « Un arbre qui tombe fait beaucoup de bruit, une forêt qui germe ne s'entend pas. » Ce demi-silence prometteur, j'aimerais le rendre audible. Partout autour de nous, un monde germe, mais l'attention qu'il faudrait lui porter est parasitée par le fracas du vieux monde qui s'écroule par pans entiers. Ce bruit d'arbres morts qui s'amoncellent en chablis nous empêche de tendre l'oreille vers la silencieuse germination. Évoquant ce prochain monde qui affleure, Arundhati Roy, la romancière et militante altermondialiste indienne, disait : « Quand tout est calme autour de moi, si je prête une oreille attentive, je l'entends déjà respirer. »

Un autre monde ? Je sais bien que la chanson n'est pas nouvelle. À toutes les époques et sous tous les cieux, les générations arrivant à l'âge adulte ont cru dur comme fer qu'elles inauguraient un « nouveau monde ». Le neuf, le nouveau, le changement : voilà bien une thématique qui court depuis des siècles dans la littérature. Comme une scansion convenue, elle rythme l'histoire des hommes. Sa régularité nous détourne à force de la prendre au sérieux. Cette histoire de « nouveau monde » ne serait-elle pas purement rhétorique.

On publie depuis vingt ans beaucoup de livres qui expliquent que les « choses nouvelles » et les « ruptures » qui font les délices des commentateurs ne sont pas si nouvelles que cela. Ces prétendus changements ne seraient que la prolongation d'évolutions anciennes. Pensez donc ! La mondialisation qui nous semble cataclysmique n'est rien de plus qu'une répétition, presque à l'identique, des mondialisations précédentes (à la Renaissance, au XIXe siècle, etc.). Je ne suis pas convaincu par ce raisonnement. Je le crois même archifaux.

À mes yeux, les contre-discours du type « la mondialisation n'a rien d'inédit » n'ont pas (ou plus) le moindre sens. Cette fois en effet, un changement radical est bel et bien à l'œuvre, un de ces basculements comme il s'en produit une ou deux fois par millénaire, et peut-être moins souvent encore. Un monde totalement autre respire en effet sous les ruines. Cette vérité est si aveuglante que nous avons du mal à la considérer, c'est-à-dire à *croire ce que nous savons* (Bergson). Pour ma part, désireux d'aller au bout de cette intuition, j'ai délibérément changé de vie au milieu des années 1980. Quittant le journalisme pour devenir éditeur et m'occuper de sciences humaines, je voulais essayer d'analyser, l'une après l'autre, les mutations bien réelles qui nous « embarquent ».

La difficulté tenait au principe d'incertitude (formule librement inspirée d'un concept de la mécanique quantique) qui rend imprévisible dans son déploiement chacune de ces mutations. Il faut pourtant essayer de rendre les changements un peu mieux déchiffrables. J'ai fait ce que j'ai pu. Il en est résulté huit gros livres sur lesquels je ne reviendrai pas. De 1995 à 2012, ces dix-sept années de travail, de lectures et d'écriture m'ont convaincu d'une chose : la métamorphose que nous vivons est prodigieuse. Elle renvoie à leur frivolité nombre de bavardages contemporains sur la crise et redonne son vrai sens – et sa nécessité – à l'espérance.

Les transmutations en cours sont porteuses en effet d'autant de menaces que de promesses. Leur devenir dépend par conséquent de notre discernement, puis de notre détermination. Nous sommes coresponsables de ce qu'elles enfanteront demain. Il nous appartient, à nous citoyens, de faire le tri entre menaces et promesses. L'avenir, en somme, a besoin de nous. Je pense à une injonction adressée en 1999 à Paris par l'écrivain et prix Nobel colombien Gabriel Garcia Marquez au public rassemblé pour un colloque de l'Unesco : « N'attendez rien du XXIe siècle, s'écria-t-il, c'est le XXIe siècle qui attend tout de vous. » En disant cela, il nous appelait à *l'espérance engagée*.

Dans les lignes qui précèdent, j'emploie le mot « germination » au singulier, et je mets « mutations » au pluriel. C'est à dessein. Si nous avons tant de mal à réaliser l'ampleur de la métamorphose sociétale, c'est parce qu'elle prend plusieurs visages à la fois. Les changements sont à l'œuvre sur des terrains que nous avons coutume de juger distincts, voire éloignés. Dans les journaux, les revues, les livres que nous lisons, comme dans les émissions que nous regardons ou écoutons, ces changements sont catalogués dans des rubriques différentes. L'information à leur sujet est parcellisée, éclatée, segmentée, de telle sorte qu'aucune vue d'ensemble n'est permise.

Or une telle perspective nous serait plus nécessaire que jamais. Si les mutations sont plurielles, elles n'en font pas moins système. Elles s'articulent l'une à l'autre, s'influencent et se répondent ; elles interagissent en se remodelant mutuellement. L'alchimie en cours n'est pas si facile à démêler. Nous avons déjà du mal à identifier chacune de ces mutations ; nous peinons davantage à mettre au jour leur entrelacement. La « pensée complexe » chère à Edgar Morin, avec ses rétroactions, ses émergences et ses désordres organisateurs, m'a été précieuse pour ce travail. De même que les idées d'auto-organisation ou d'autonomie empruntées à Henri Atlan et à Cornélius Castoriadis.

Qu'il me suffise de désigner ici, le plus clairement possible, les mutations en question, celles qui se mêlent et, invisiblement, se conjuguent. J'en dénombre cinq. Le chiffre est arbitraire, mais je le crois assez juste. Ces cinq mutations, à vrai dire, nous les connaissons toutes. On nous en rebat chaque jour les oreilles, mais en négligeant de les mettre en perspective, ce qui permettrait pourtant de comprendre leur vraie signification. Je me contenterai ici de les lister brièvement [1]. Leur juxtaposition parlera d'elle-même.

1 – La première mutation est géopolitique. Je propose de l'appeler le *décentrement du monde*. Celui-ci correspond à une remise en marche de l'Histoire après l'effondrement du communisme. Au partage entre l'Est et l'Ouest, à cette « guerre froide » qui structurait la planète depuis 1917, succède un monde polycentré qui, de la Chine à l'Inde ou au Brésil, voit *émerger* de nouvelles puissances. Lorsqu'on évoque ce planisphère redessiné, et cette redistribution de l'influence, on oublie d'ajouter qu'il marque la fermeture d'une parenthèse de quatre siècles.

À partir du XVIIe siècle, après avoir rattrapé son retard sur les autres grandes civilisations, l'Europe avait conquis une quadruple hégémonie : militaire, économique, technologique, culturelle. Cette surpuissance avait fait de nous les conquérants du monde (colonisation) et les initiateurs de la modernité. Pendant quatre siècles, la marche de l'Histoire fut gouvernée à partir d'un *centre* (l'Occident) qui dominait et « civilisait » (croyait-il) la *périphérie*, soit par les armes, soit par l'influence, le plus souvent en combinant les deux. Notre centralité et nos quatre

1. J'ai longuement développé ces analyses dans *Le Commencement d'un monde. Vers une modernité métisse*, Éd. du Seuil, 2008, et « Points Essais », n° 646.

hégémonies appartiennent dorénavant au passé. Nous ne sommes plus les uniques propriétaires ni les uniques promoteurs de la *modernité*.

Est-ce si dramatique que cela ? Je ne crois pas. Même si elles ont leurs traditions propres, les sociétés émergentes demeurent – et pour longtemps – modelées et remodelées par notre influence. Les lamentations sur le « déclin de l'Occident » ou sur le « choc des civilisations » sont abusives et même dangereuses. Loin de s'éloigner les unes des autres, les diverses cultures humaines sont en marche vers un prodigieux « rendez-vous » historique. Ce rapprochement n'est pas sans risques. Il peut connaître des épisodes de violence. Il peut être ralenti par des retours en arrière, des crispations identitaires et belliqueuses. Le jeu est ouvert. Il est risqué, mais on peut préférer ces risques-là aux désastres criminels de l'ancienne domination coloniale.

2 – La deuxième mutation est *économique*. Appelons-la *mondialisation* ou *globalisation*. Contrairement à ce qu'on dit parfois, elle n'est pas le simple prolongement des mondialisations passées, notamment celle du XIXe siècle. Les nouvelles technologies lui donnent une portée et un *rythme* sans précédent. C'est peu de dire qu'en matière d'économie et de démocratie cette mondialisation-là change les règles du jeu. Si on compare le marché à un cheval, on dira que l'économie de marché, jusqu'alors parquée dans l'enclos de l'État-nation – et promise à une nécessaire domestication –, a sauté par-dessus la clôture. Elle

s'est libérée de toute attache. La voilà « hors sol », c'est-à-dire hors d'atteinte de l'éthique démocratique. Le cheval domestiqué est retourné à l'état sauvage.

En cavalant sans bride ni cavalier à travers le monde, il montre sa capacité à produire de la richesse plus efficacement que l'économie administrée de l'ex-URSS. Mais ce cheval fou inflige en passant d'énormes dégâts aux sociétés qu'il traverse. Outre la richesse, il produit de la pauvreté et de l'injustice. Là est son infirmité. Il est – aussi – destructeur du social, et quasi innocemment. Le libre marché obéit à un seul principe (le profit) tellement unidimensionnel qu'il en devient stupide. Il prétend appliquer à toutes les activités humaines l'unique critère de la *rentabilité*. Il est conduit à détruire pierre à pierre le socle (la société) qui lui permettait d'exister.

Une société n'existe en effet que parce qu'elle fait place, en son sein, à des activités *non* rentables comme l'école, la justice, la santé publique, etc. Belle remarque d'André Gorz à ce sujet : « C'est la culture qui ne sert à rien qui, seule, rend une société capable de se poser des questions sur les changements qui s'opèrent en elle et de leur imprimer un sens [1]. » En ignorant tout ce qui « ne sert à rien », le tout marché travaille inconsciemment à son autodestruction. De nombreux économistes ont analysé ce paradoxe : le marché, pour pouvoir exister, a besoin d'un substrat culturel et sociétal qu'il tend à démolir.

1. André Gorz, *L'Immatériel. Connaissance, valeur et capital*, Galilée, 2003, p. 31.

Quand on répète qu'il faut « réguler » la mondialisation, on exprime à demi-mot une véritable urgence : repasser à l'économie de marché le licol de la démocratie. Et enclore à nouveau ce puissant cheval dans les limites d'un espace juridique contraignant : nation, ensemble régional, fédération ou autre. On répugne pour l'instant à choisir la taille de l'enclos. Il faudra bien s'y résoudre.

3 – La troisième mutation touche à la biologie (la « science qui a pour objet les êtres vivants ») : c'est la révolution génétique[1]. Amorcée au milieu des années 1950, elle n'a pris son envol qu'au début des années 1980. Mettons de côté les polémiques qu'elle suscite et les craintes qu'elle fait éclore. Pour définir de façon sommaire cette mutation, on dira qu'elle donne aux hommes, pour la première fois dans l'Histoire, *le pouvoir d'agir directement sur les mécanismes de la vie*. Nous savions jusque-là transformer le monde, détourner le cours des fleuves et percer les montagnes. Nous pouvons aujourd'hui intervenir sur la procréation et changer le génome des espèces végétales ou animales. Nous pouvons modifier certaines données fondatrices de l'humain comme les structures de la parenté ou l'ordre généalogique.

Dans mille domaines, cette mutation est grosse de promesses. Pensons à l'ouverture que représentent la thérapie génique et la médecine prédictive ; songeons

1. C'est le sujet de mon livre *Le Principe d'humanité*, Éd. du Seuil, 2001, et « Points Essais », n° 568.

au pouvoir de donner la vie qui est restitué à ceux – couples ou individus – qui en étaient privés ; comptons sur nos doigts les maladies incurables possiblement vaincues ; gardons en tête les nouveaux appareillages technologiques du corps humain qui, à terme, peuvent rendre la vue aux aveugles, la mobilité aux amputés et la socialisation aux tétraplégiques, etc.

La liste de ces promesses est impressionnante. C'est elle qui doit être mise en miroir avec une autre liste, celle-là qui répertorie les menaces. Elles sont innombrables elles aussi : eugénisme réinventé, clonage, discrimination des humains en fonction de leur « patrimoine génétique », post-humanisme et retour du *surhomme* des nazis, etc. Entre ces deux listes, il nous appartient de choisir. Les citoyens que nous sommes ont la *responsabilité historique* de faire pencher la balance du bon côté.

4 – La quatrième mutation est induite par les technologies les plus avancées : on l'appelle communément la *révolution numérique* ou *informatique*. Rendue possible par l'usage généralisé des algorithmes mathématiques, elle nous précipite vers l'*immatériel*, c'est-à-dire une déréalisation progressive du monde. Ramenée à une suite de 0 et de 1, la réalité devient saisissable, duplicable et transmissible à l'infini.

Cette mutation ne se réduit pas à ces mille commodités qui fluidifient de notre vie quotidienne : ordinateurs, téléphones portables, cartes mémoire, etc. Une métaphore permet de s'en faire une idée plus juste :

celle du *sixième continent*. Ce dernier – Internet, la toile, le web, selon la terminologie choisie – a surajouté un immense territoire virtuel aux espaces géographiques traditionnels. Le sixième continent est en expansion permanente car chaque jour voit s'ajouter sur le web des millions de « sites » nouveaux qui sont autant de provinces. Ce continent virtuel est partout et nulle part. Nous n'avons pas encore appris à le définir. Nous manquons encore des concepts nécessaires. Quant à l'État de droit, il peine – et peinera longtemps – à s'y installer pour le civiliser. Le *sixième continent* est encore une jungle qui abrite le meilleur et le pire, tout le savoir du monde et toute la saloperie humaine.

Or, depuis une bonne dizaine d'années, la plupart de nos activités – informations, finances, commerce, échanges, etc. – quittent la terre ferme pour émigrer vers le virtuel. J'imagine parfois de longues files de chariots bâchés s'éloignant peu à peu de la terre ferme pour s'établir sur le sixième continent. Dans l'aventure, et sans que nous l'ayons voulu, nos activités et nos professions subissent une métamorphose. Elles changent de statut, de règles et de sens. La culture devient « connaissance » ; la finance devient un orage magnétique permanent qui fait circuler des milliers de milliards de dollars « virtuels » d'un bout à l'autre de la planète ; les réseaux sociaux bousculent les hiérarchies et les pouvoirs, alors même que la démocratie à l'ancienne, affaiblie, demeure prisonnière des anciens territoires.

L'avènement du sixième continent est ambivalent lui aussi. D'un côté il offre un accès illimité à tous les savoirs, de l'autre il permet l'arraisonnement du réel par le virtuel. Quand les « marchés financiers » dictent leur loi aux économies réelles, c'est bien de cela qu'il s'agit. Les nouvelles dominations sont plus difficiles à débusquer que celles de jadis. La « financiarisation » de l'économie mondiale n'est qu'un exemple de ces dominations du troisième type. Ajoutons que, pour stupéfiante qu'elle soit déjà, la *révolution numérique* n'en est qu'à ses débuts. Les ordinateurs de demain – quantiques ou « en grappes » – lui permettront de changer d'échelle.

Nous sommes loin, très loin d'en avoir recensé les effets futurs, qu'ils soient prévisibles ou imprévisibles [1].

5 – Le cinquième séisme historique, c'est la *révolution écologique*, bien que le mot « révolution » ne soit pas le meilleur choix possible. Il serait plus juste de parler de *prise de conscience*. Nous réalisons depuis une trentaine d'années que l'entreprise prométhéenne des humains bute dorénavant sur une infranchissable limite. Le remodelage anthropocentré de la planète, tel que la culture occidentale le met en œuvre depuis des siècles, s'abîme dans une contradiction : on ne peut déployer un projet de croissance infinie à l'intérieur d'un monde fini.

1. J'ai essayé d'évaluer les effets présents et à venir de la cyber-révolution dans *La Vie vivante. Contre les nouveaux pudibonds*, Les Arènes, 2011.

En nous mettant sous les yeux les saccages de la Terre et l'épuisement annoncé de ses ressources, la conscience écologique nous révèle l'approche d'une impasse. À négliger ce que le philosophe Hans Jonas appelle le *principe responsabilité*, ce ne sont plus seulement les adversaires, les ennemis ou les sociétés rivales que nous menaçons, c'est la planète en tant que telle. À terme, nous la condamnons à mort.

Est-ce si nouveau ? On objectera que le souci de l'environnement ne date pas d'hier. Et on aura raison. De Rachel Carson (*Printemps silencieux*, 1963) à Bernard Charbonneau (*Le Jardin de Babylone*, 1969), de Jacques Ellul (*La Technique ou l'Enjeu du siècle*, 1954) à bien d'autres encore, l'écologie a une longue histoire. Elle a eu ses réseaux (« La Gueule ouverte » dans les années 1970) et ses fanatiques (l'Américain Lynn White et les tenants de la *deep ecology* dans les années 1960).

Il n'empêche ! Avec le réchauffement climatique, la ruine de la biodiversité, l'épuisement des énergies fossiles, l'accaparement de l'eau potable ou l'empoisonnement des océans, un seuil qualitatif et politique a été franchi durant ces dernières décennies, un degré d'urgence est atteint. On ne pourra plus considérer notre présence dans le monde comme par le passé. Jamais. Aucun projet humain ne pourra négliger ce *changement de donne*. Nous devons veiller, tout à la fois, à ce que cette *donne* soit prise en compte et qu'elle ne nourrisse pas, à l'inverse, un nouvel antihumanisme.

⁂

Je n'ai fait qu'énumérer les cinq visages de la mutation contemporaine. Cette énumération nous aide à comprendre à quel point ce « grand dérangement » est sans doute aussi radical que le fut, voici douze mille ans, la révolution néolithique. Un *nouveau-nouveau monde* (pour parler comme l'ethnologue et sociologue Georges Balandier) s'installe bel et bien sur les ruines de l'ancien. J'emploie volontairement l'expression « cinq visages ». Elle suggère que ces mutations, à vrai dire, n'en forment qu'une seule, car elles font système. Chacune d'entre elles est déjà en interaction permanente avec les quatre autres. Globalement, la mutation que nous vivons pourrait être représentée par un *pentagone*, figure géométrique à cinq côtés. Et chacun de ces côtés pèse sur les quatre autres.

La révolution numérique a accéléré la mutation génétique ; la puissance du « tout marché » accroît les risques de dérapages génétiques en dépossédant la démocratie de sa faculté d'arbitrage. Si le marché tient les commandes, alors les pires transgressions, y compris criminelles, deviennent possibles. La conscience écologique, de son côté, se conjugue avec le décentrement du monde pour changer les règles de la politique internationale. On pourrait prolonger à l'infini la liste des entrecroisements et des interactions. Chaque jour, ou presque, nous en découvrons d'autres. Et ce n'est pas fini. Ce tourbillonnement s'accélère et disqualifie à mesure les anciens modes de pensée et d'action, notamment politique.

Nous passons un « cap Horn » de l'aventure humaine. Cette nouvelle *période axiale* est par certains côtés effrayante. Par d'autres, elle est une chance extraordinaire. Et, pour chacun de nous, un défi.

Relevons-le.

7

Qu'avez-vous fait du rêve européen ?

Ce livre n'est pas un essai politique, mais une réflexion très subjective sur l'espérance. C'est dans cet esprit que j'évoquerai l'Europe, et un peu plus longuement que prévu. Le projet européen fut en effet le seul grand dessein collectif qui survécût aux profanations du XXe siècle. Il incarnait une espérance de substitution, une flamboyante *réponse* à la déréliction contemporaine. Or il faut bien reconnaître que l'Europe est maintenant un grand cadavre à la renverse. Le rêve est brisé.

Sur ces ruines, il s'agit de rebâtir à neuf. Et dans l'urgence. Il faut que des forêts germent sur l'immense friche du projet européen. S'il est une espérance à *redresser*, c'est bien celle-là. En ce début de XXIe siècle, elle paraît à son tour frappée d'*acédie*. Elle a sombré corps et âme dans la médiocrité procédurale et l'anomie. Plus grave : depuis le traité de Rome de 1957, à force de ne pas les écouter ni les convier à la table commune, on a fini par décourager les peuples que ce rêve devait initialement rassembler. Cinquante ans après, ils ne croient plus à cette histoire. Ils ne se sentent pas (ou plus) concernés.

On refusa longtemps de regarder cette vérité en face.

En 2011-2012, quand la crise financière a révélé aux États du Vieux Continent – ceux de la « zone euro » – qu'ils étaient *nus* et *faillis*, il fallut bien admettre que le projet européen faisait naufrage. C'est à mi-voix que les plus lucides (et les plus cruellement déçus) acceptèrent d'en convenir. Ils le firent en chuchotant comme on présente ses condoléances. Michel Rocard confessa ne plus rien attendre de l'Europe, et Jacques Delors dut avouer qu'il ne reconnaissait plus son enfant. Ce n'était plus Billancourt qu'on craignait de désespérer, mais Bruxelles ou Strasbourg.

Voix basses et mines contrites : le climat général s'endeuillait.

À aucun moment, pourtant, l'eurosceptique que je fus n'eut envie d'entonner le refrain avantageux des Cassandres : « On vous l'avait bien dit ! »

Je ne me suis pas réjoui. J'aurais préféré avoir eu tort. C'est avec soulagement que, s'il l'avait fallu, j'aurais regretté d'avoir voté *non* à Maastricht en septembre 1992, et encore *non* au projet de Traité constitutionnel le 29 mai 2005. J'aurais pris acte sans déplaisir du fait que mes doutes au sujet de l'Europe se révélaient infondés. Ce n'est pas le cas, hélas. J'ai l'impression d'arriver au bout d'un long malaise.

Depuis 1992, la question européenne me trouble, comme elle tourmente beaucoup d'Européens convaincus. Le verbe *tourmenter* n'est pas excessif. Le scepticisme ne m'est pas naturel, et la dissidence n'est jamais une position confortable. En votant deux fois *non* à cette Europe, j'ai mêlé ma voix à de prétendus patriotes qu'effraie le grand large et qu'irrite le partage ; j'ai objectivement pactisé avec des gens dont tout me sépare : le repli, la clôture, le chauvinisme, la peur de l'autre.

Pourquoi ?

⁂

Dans son inspiration inaugurale, le projet d'Union européenne avait tout pour susciter notre enthousiasme. Et d'abord cette hardiesse historique : bannir la guerre, décréter une paix perpétuelle pour ce continent qui, pendant des siècles, a surtout connu les tueries et les cimetières. Point besoin de repenser à Verdun ou aux Éparges pour adhérer à cette espérance volontariste. À elle seule, elle justifiait un « pari pour l'Europe ». Restait à s'interroger sur le chemin qu'il faudrait emprunter. Pour cette raison et quelques autres, je me souviens de mon indécision durant l'été 1992, alors que se poursuivait la campagne sur Maastricht.

Si la grande presse était trop caricaturalement unanimiste pour aider à se forger une opinion, des revues comme *Esprit*, *Le Débat* ou *Commentaire* publiaient des analyses critiques plus construites. J'y suivais – entre autres – la subtile polémique qui opposait les deux philosophes Paul Thibaud, partisan du *non*, et Jean-Marc Ferry, défenseur du *oui*. Je lisais les analyses de Marcel Gauchet, plutôt circonspect sur la question. J'écoutais et j'épluchais les discours de Philippe Seguin qui prônait le *non* en insistant sur la fragilité de la République et l'indispensable défense de l'État.

J'avais du mal à sortir de l'embarras provoqué un peu partout par cette affaire de Maastricht. En lui-même, je l'ai dit, le projet d'Union européenne me séduisait. L'amitié que j'avais nouée avec quelques fervents militants européens comme Michel Albert, Jean Boissonnat ou Michel Camdessus aurait dû me pousser vers l'adhésion. Malgré tout, quelque chose en moi résistait. Or cette appréhension n'avait rien de sentimental ou de « réactif ». Seule la raison critique – le *raisonnement* – était en cause. À bien y réfléchir, il me semblait que le traité de Maastricht comportait de sérieux vices de forme, des imprécisions graves et – peut-être – des contresens idéologiques qu'on ne pouvait enjamber en invoquant la majesté grandiose du projet.

J'ai ainsi vécu les deux mois de juillet et d'août 1992 de façon excessivement studieuse, voire obsessionnelle. Je n'avais rien à « vendre » à quiconque ; aucune discipline partisane ne m'attachait à un camp ou à un autre ; j'étais libre comme l'est tout citoyen décidé à suivre sa propre réflexion. À mes yeux, l'importance de la question européenne dépassait toutes les autres. Les choix faits à son propos commanderaient notre avenir pour plusieurs générations. Cela valait qu'on réfléchisse *pour de bon*.

Dans mon esprit, la balance pencha peu à peu vers le *non*. Dans *Le Nouvel Observateur* en date du 10-16 septembre, une semaine avant le référendum, j'ai donc publié une tribune pour le *non*, en miroir d'une page jumelle pour le *oui*, signée par Jacques Julliard. Le sous-titre de mon article était explicite : « Je redoute que la myopie de Maastricht fasse le lit des replis identitaires de demain, et favorise le tribalisme haineux. » J'ajoutais dans le corps du texte : « Face aux impavides bureaucraties nationales, sous les remparts *high tech* de Bruxelles, j'entends déjà les tumultes et les révoltes de citoyens moins représentés, moins gouvernés, ou de plus loin. » Je disais craindre qu'avec l'affaiblissement des États cette logique finisse par démolir la démocratie, en la plaçant sous la tutelle des chiffres et en la soumettant aux diktats d'un économisme à courte vue. N'est-ce pas ce qui, au final, est arrivé ?

À ce sujet, je dois dire un mot de la singulière amitié que j'entretiens depuis plus de quarante ans avec Jean Daniel, fondateur et directeur du *Nouvel Observateur*. Cette amitié est tissée de désaccords. Sur l'Europe, sur la « dissidence » altermondialiste, sur Pierre Bourdieu et sur bien d'autres sujets nous n'avons pas toujours été du même avis. Pour autant, Jean Daniel m'a toujours ouvert les colonnes de son journal. Il m'a même encouragé – sauf une fois ! – à m'exprimer sur ces dissentiments. Cela justifie l'affection respectueuse – mais têtue ! – que j'ai pour lui.

Au sujet de Maastricht (bel exemple de désaccord radical !), un minuscule épisode avait achevé de me convaincre. Au *Nouvel Observateur*, nous avions reçu Jacques Delors, alors président de la Commission européenne, pour une discussion *off*. Avec prudence mais sans équivoque, il nous avait avoué que le traité de Maastricht était « mauvais », car il négligeait le versant social du projet européen, mais qu'il fallait l'approuver quand même. Sous-entendu : n'arrêtons pas la marche du train, on corrigera l'itinéraire en cours de route. Ce raisonnement m'avait scandalisé. Je comprenais les raisons de Jacques Delors – et je respectais l'homme –, mais cette manière de penser me paraissait *cléricale*. Car enfin !…

En 1987 (avec le fameux *acte unique*), on avait déjà instauré le Marché unique européen, alors même que ni la fiscalité ni les droits sociaux des États membres n'avaient été harmonisés. Je garde en mémoire le coup de téléphone furibard que m'avait passé Michel Albert, l'un des avocats les plus enthousiastes et les plus en vue du projet européen. Il était catastrophé par une décision qu'il jugeait précipitée. Et il n'était pas le seul. Pourquoi ces pro-européens lucides gardèrent-ils le silence à ce sujet ? L'acte unique, en effet, voulu et promu par François Mitterrand, était une imprudence, pour ne pas dire une faute historique. On jetait ainsi les fondements d'une guerre économique entre les peuples d'Europe dont nous ne sommes jamais sortis. Comme introduction à la « paix perpétuelle » en Europe, cela commençait mal.

Et voilà que, six ans plus tard, avec Maastricht, Jacques Delors nous invitait à pérenniser cette imprévoyance en la gravant dans un traité « mauvais » mais qu'on nous présentait comme « nécessaire ». La simple raison n'y trouvait pas son compte. Ma tribune du *Nouvel Observateur* me valut quelques sévères remontrances de la part de mes amis « européens » et de plusieurs confrères journalistes. L'un d'entre eux, mon aîné d'une vingtaine d'années, m'adressa le matin même de la parution un fax indigné : « Cette fois, Jean-Claude, l'amitié est en jeu ! » Il se ravisa par la suite, mais la chose était dite. Elle témoignait du climat inquisitorial et de l'intolérance soudaine qui prévalaient dès que l'Europe était en jeu. Cette hystérisation eut des conséquences durables.

Une délibération démocratique loyale eût été nécessaire au rassemblement des peuples autour du projet. Je dirai même que, sur une question comme celle-là, il aurait fallu user avec ténacité de cette « éthique de l'argumentation » dont parle le philosophe allemand Jürgen Habermas. Or cette « situation de parole idéale » (Habermas encore) se trouva empêchée, interdite même. La question européenne n'appartenait déjà plus au registre de l'intelligence politique mais à celui de la morale coercitive. Quiconque s'écartait de la ligne orthodoxe ou posait des questions embarrassantes agissait de façon *immorale*. L'euroscepticisme n'était déjà plus une opinion mais un péché.

Je n'ai jamais réussi à comprendre comment et pourquoi tant d'intellectuels préférèrent garder le silence au lieu de dénoncer ce congédiement de l'intelligence argumentée. L'habillage moralisateur de la question européenne fut la plus tragique erreur que l'on puisse imaginer. Elle cadenassa le projet sur lui-même, sur ses imperfections, ses contradictions, ses présupposés. Elle empêcha que jouent à son profit les mécanismes correcteurs, les enrichissements que seule une démocratie vivante peut mettre au travail. La question se voyait ramenée à un affrontement gnostique entre le *Bien* et le *Mal*.

Évidemment, le tout fut accompagné, comme c'est l'usage, d'un assortiment de stupidités subpolitiques. Le *oui* était moderne, intelligent et généreux. Les partisans du *non*, quand ils n'étaient pas de vrais salauds, étaient des « scrogneugneux » à l'ancienne ou des pépés gagnés par la sénilité. Aux premiers, l'audace postmoderne, les grands espaces et le prochain siècle ; aux seconds, la trouille patriotarde et l'invective de bistrot. La *petite musique* qui, dans les medias, accompagnait la question européenne était celle d'un sitcom, avec rires et applaudissements préenregistrés.

Cette reconfiguration infantile d'un des débats les plus importants du XXe siècle perdura à l'identique jusqu'à ces dernières années. Le simplisme sermonneur et la bonne conscience hautaine contaminèrent jusqu'aux meilleurs esprits. Je me souviens d'avoir entendu en 2005, au moment du référendum sur le Traité constitutionnel, Jorge Semprun invectiver Laurent Fabius, alors chef de file du *non* (comme l'avait été Philippe Seguin pour Maastricht). Semprun apostropha Fabius en lui recommandant « une bonne psychanalyse ». C'était trop ! Le souvenir de Semprun mérite notre respect, mais l'invective ainsi proférée n'était pas si drôle. Elle illustrait involontairement la médiocrité, pour ne pas dire l'indécence du « débat » européen.

Aux pieuses moqueries s'ajoutèrent les effets de langage habituels qui permettent de disqualifier d'un mot un adversaire. Vieille ruse de la sémiologie. Ceux qui n'adhéraient pas à la vulgate maastrichtienne furent baptisés *souverainistes* ou *républicains*. Et nul ne s'étonna de voir les mots de république et de souveraineté rétrogradés au rang d'injures politiques. Il arriva même que lesdits eurosceptiques se voient soupçonnés de complaisance pour les *rouges-bruns*, ces néofascistes très « fin de siècle ».

On cherchait en vain la moindre trace d'une « éthique de l'argumentation » !

Cette dérive inquisitoriale de la question européenne permit de tuer dans l'œuf les questionnements les plus importants. On n'en parla plus guère puisque seuls les « antieuropéens » s'y référaient. S'ils semblent réapparaître aujourd'hui, dans un climat de naufrage de l'euro et de l'Europe, c'est parce que, pendant des années, ces questions avaient été stupidement soustraites à la délibération démocratique. On peut dresser la liste de ces questions non débattues et non traitées : la disparité fiscale et sociale entre les États membres ; le caractère précipité de l'élargissement de 6 à 9, puis à 12, puis à 27 ; le casse-tête que représente la création d'une monnaie sans un État pour la gérer ; la difficulté d'assujettir à une même unité de compte des sociétés anthropologiquement dissemblables ; les effets destructeurs d'un libre-échangisme plus dogmatisé en Europe que nulle part ailleurs ; le contraste entre le cantique fédéraliste et la prise en compte des *faits* qui montrent un refus grandissant de la supranationalité, etc.

Je le répète, j'essaie seulement de comprendre ici comment une espérance aussi forte a pu être trahie, et de quelle façon nous pouvons la refonder. Parlons donc du deuil européen. Sans entrer dans les détails, évoquons quelques-unes des *promesses* qui, en un demi-siècle, n'auront pas été tenues.

La première était magnifique, je l'ai dit : plus jamais de guerre en Europe ! Promesse insuffisante (car seulement « en creux ») mais digne d'enflammer la jeunesse du continent. Vingt ans après, si les armes sont bien remisées en Europe, la guerre économique y fait rage. Et l'autre guerre, la vraie, peut ressurgir à tout moment tant le climat est à la désunion et à la rivalité de tous contre tous. Les peuples devaient se rassembler, ils sont en lutte. Les économies, comme les sociétés, devaient converger, elles divergent. Quant au couple franco-allemand dont la conjugalité fondait le projet lui-même, voilà que, au-delà de quelques pittoresques chamailleries du passé entre Nicolas Sarkozy et Angela Merkel, les conjoints ne sont plus sur la même trajectoire. Faut-il encore évoquer le rapprochement sociétal que devait accélérer le traité franco-allemand signé le 22 janvier 1963 par le général de Gaulle et le chancelier Adenauer ? Ce « rapprochement » a fait long feu lui aussi. Cinquante ans après, on n'a jamais aussi peu appris l'allemand dans nos écoles, et jamais aussi peu enseigné le français en Allemagne. Ce n'est qu'un détail, mais reconnaissons que le signal est cruel.

L'autre promesse concernait la souveraineté. Au nom de l'Europe, on demandait aux citoyens de renoncer à une part du *national* (jugé trop étriqué) pour reconquérir, par le truchement de l'Union, une souveraineté plus ample et mieux armée. Donner un peu pour recevoir beaucoup : l'invite avait du sens. Elle réconciliait une certaine disposition au partage, une générosité assumée avec l'intérêt bien compris de chacun. L'euro devait concrétiser cette souveraineté à la fois partagée et recouvrée. Or rien ne s'est passé ainsi. On a démonté pièce après pièce le « chapiteau » national, mais sans être en mesure d'en dresser un autre, c'est-à-dire une démocratie européenne, dont les Anglais ne voulaient pas entendre parler. On se trouvait piégé en outre dans une contradiction ubuesque : comment faire du « plus » en additionnant du « moins » ? Comment instaurer une souveraineté plus forte en juxtaposant des souverainetés nationales rendues plus faibles ?

Tâche impossible. Et fatale imprudence. L'idée d'une « Europe puissance » périclita rapidement. On avait convaincu les peuples de quitter la rive « nationale » pour nager avec détermination vers la rive « européenne ». Or cette autre rive s'éloignait au fur et à mesure, et les peuples perdaient pied. Laissés au milieu du fleuve, abandonnés dans le courant, ils se voyaient offerts sans protection aux jeux et aux logiques du marché. Ces jeux se retournaient même contre l'Europe quand ils réemployaient contre elle ses propres créations. Un exemple : en fournissant aux pays membres une fausse sécurité financière (contre les dévaluations compétitives du passé), l'euro encouragea l'endettement « souverain » de chaque État, c'est-à-dire la ruine progressive de toute souveraineté, qu'elle soit nationale ou communautaire.

Troisième promesse : l'Europe devait nous permettre de défendre notre propre interprétation – protectrice, redistributrice, sociale-démocrate – de l'économie de marché, laquelle fut théorisée dans l'après-guerre et permit aux pays européens de profiter à plein des Trente Glorieuses. J'ai parlé plus haut du « capitalisme rhénan » et de *l'économie sociale de marché*, que nous opposions avec raison au capitalisme anglo-saxon. Hélas, trois fois hélas ! La social-démocratie européenne – *via* la Commission de Bruxelles – fut rapidement contaminée par la logique anglo-saxonne. Loin de nous protéger contre une influence venue d'outre-Atlantique, la construction européenne en devint le cheval de Troie et fit entrer ce « modèle » chez nous, en contrebande. Le centre de gravité politique de la Commission de Bruxelles favorisa la chose. Que ladite Commission puisse être présidée par un homme comme l'ancien gauchiste portugais José Manuel Durão Barroso, sans vraies convictions ni caractère, fut le signe de cette dérive.

Au final, le « projet » européen devenait agressivement néolibéral, mimétiquement américain, vidé de son sens et étranger à la culture historique du continent.

⁂

Les crises successives qui ont déferlé sur l'Europe depuis 2007 auront eu au moins le mérite de *révéler*, au sens photographique du terme, ces vices de forme que l'on ne voulait pas voir. À tous, l'Europe apparut enfin pour ce qu'elle était : une belle idée fourvoyée. Et encalminée, comme on le dit d'un bateau dont le vent ne gonfle plus les voiles.

Face à un tel échec, il est instructif de catégoriser à grands traits les attitudes politiques qui ont désormais cours à Bruxelles, dans les pays membres et dans les médias. Saluons d'abord la ténacité héroïque des « vieux croyants ». Je parle de ceux qui, de crise en crise, continuent de dire (et de croire) que la construction européenne ne progresse jamais mieux que dans la tempête, que le « fédéralisme budgétaire » est en marche, que la Banque centrale européenne sera forcément réformée et que l'euro sera « évidemment » sauvé. Si l'on est d'humeur maussade, on dira que ces vieux croyants nous renvoient à la remarque drolatique que fit Charles de Gaulle répondant à la télévision au journaliste Michel Droit, entre les deux tours de l'élection présidentielle de 1965 : « Bien entendu, on peut sauter sur sa chaise comme un cabri en disant l'Europe ! l'Europe ! l'Europe !... mais cela n'aboutit à rien et cela ne signifie rien. » Si l'on est plus indulgent, on dira que ces Européens jusqu'au-boutistes ont au moins le mérite – eux ! – de ne pas abjurer leur foi communautaire. Ils ne baissent pas pavillon. Cela mérite le respect.

À l'opposé, on trouve les libéraux anglophiles et les droites « dérégulatrices », ceux et celles qui n'ont jamais pensé que l'Europe pourrait être autre chose qu'un grand marché, régi par le principe de la concurrence « libre et non faussée ». Loin de se désoler, ceux-là applaudissent au renvoi aux calendes grecques d'une option plus fédérale. Le projet d'une Europe politique ne les a jamais convaincus. Que le Vieux Continent obéisse aux injonctions conjointes des marchés, des banques privées et des agences de notation, et tout sera pour le mieux dans le meilleur des mondes. N'importe quelle déconfiture, fût-elle grave, fabrique des heureux, celle de l'Europe n'échappe pas à la règle.

Les néolibéraux anglo-saxons ne sont pas les seuls à se réjouir. Pour d'autres raisons, les tenants du patriotisme ardent et du repli national ne sont pas mécontents, eux non plus. Il en existe à gauche et à droite, à l'extrême gauche et à l'extrême droite. Malgré leurs divergences, ils ont en commun un *attachement à la nation*, lequel, en soi, n'est pas condamnable. Tout dépend de la façon dont il s'exprime et de quel type d'attachement il s'agit.

À ce sujet, il faut bien reconnaître une chose : l'un des premiers reproches qu'on puisse faire aux bâtisseurs de l'Europe – à commencer par le premier d'entre eux, Jean Monnet –, c'est leur refus de prendre la vraie mesure d'une *réalité nationale* qu'il est absurde de passer par pertes et profits. Identifier la nation au nationalisme et ce dernier au mal absolu est un raccourci partiellement faux. « Le nationalisme, c'est la guerre ! » : on se souvient de la formule lancée le 17 janvier 1995 par un François Mitterrand affaibli par la maladie devant le Parlement européen de Strasbourg. Il se référait aux deux guerres mondiales, et d'abord à la première. Or, sans minimiser les risques inhérents à tout nationalisme belliqueux, plusieurs historiens firent aussitôt remarquer au Président socialiste que le déclenchement et l'ampleur de la Grande Guerre de 1914-1918 étaient aussi – et peut-être surtout – imputables à la rivalité de plusieurs empires déliquescents : l'austro-hongrois, l'ottoman et le russe, tous ligotés par leurs alliances militaires.

La nation, ce n'était pas obligatoirement la guerre. Or c'est l'oubli, voire le mépris du « national » qui habitèrent trop longtemps la rhétorique pro-européenne. Les défenseurs les plus radicaux des « États-Unis d'Europe » promettaient à la France, comme le fit un jour Alain Minc, un statut comparable à celui du Vermont ou de l'Arkansas américains. C'était idiot. C'était faire fi de l'Histoire. Le projet européen se trouva affaibli par ces raccourcis. On le reconnaît volontiers aujourd'hui, mais c'est un peu tard. Pascal Lamy, patron de l'Organisation mondiale du commerce, et ancien bras droit de Jacques Delors, évoque désormais en ces termes la *solidarité* qui peut unir des citoyens : elle est *solide* à l'échelon national, *liquide* au plan communautaire et *gazeuse* au niveau mondial.

On ne saurait mieux dire.

Nation ou non, tout dépend surtout de quel patriotisme on parle. Dans sa *Lettre à un ami allemand* (1948), Albert Camus écrivait : « J'aime trop mon pays pour être nationaliste. » Lui faisant écho, Romain Gary ajouta plus tard ce superbe aveu : « Je n'ai pas une goutte de sang français, mais la France coule dans mes veines. » Historiquement, le patriotisme s'est fondé sur deux aspirations distinctes qu'il importait de ne jamais disjoindre. La première, c'est l'attachement à un pays, une tradition, une particularité culturelle. La seconde, c'est le respect d'un corpus de valeurs, c'est-à-dire un horizon ouvert d'universalité. Les deux vont nécessairement ensemble. C'est en ce sens que des auteurs comme Charles Péguy ou Marc Bloch parlaient des « deux vocations » de la France. Elles peuvent et doivent être conjuguées avec le projet européen. Elles en sont l'âme vivante.

À les désunir, à amputer le patriotisme d'une de ses composantes, on rend ce dernier soit grimaçant, soit vaporeux.

⁂

Revenons à l'espérance. Tout indique que nous allons vivre un épisode étrange. Ce sera peut-être le plus passionnant de tous. Il n'est pas impossible que, dans cette débandade, les derniers défenseurs d'une *autre Europe*, et les plus résolus, soient justement ceux qu'on accusait hier d'euroscepticisme. Ces dissidents-là se sont tenus à l'abri de la mélancolie et de l'exténuation morale qui affectent les pro-européens de bonne facture. Tous ces anciens « sceptiques », comprenons-le, ne sont pas obsédés par le repli cocardier et le provincialisme franchouillard. Sur le terrain de l'économie, ils sont plus conscients que quiconque des risques que font courir à tout le continent la désindustrialisation mais aussi les dérives inégalitaires et antidémocratiques de l'Europe « grand marché ».

Tout les prépare à devenir les altereuropéens des prochaines décennies. Ils bénéficient aujourd'hui de la même avance réflexive que celle dont profitent les intellectuels, philosophes et économistes dissidents qui réfléchissent depuis des années aux limites du dogme de la croissance, et à la nécessité d'inventer une manière de vivre ensemble autre que dans la « fuite en avant planétaire dans une croissance perpétuelle » (comme le dit l'économiste Daniel Cohen). Les décroissants d'hier, si moqués et si décriés, retrouvent aujourd'hui une certaine audience, maintenant que la phase historique de la « grande croissance » est définitivement terminée.

De la même façon, les eurosceptiques les plus exigeants, ceux qui réfléchissent depuis longtemps à une « autre Europe », sont nantis d'un « avantage comparatif » incontestable, maintenant que l'Europe est « à la renverse ». Il s'agira, pour eux, d'articuler autrement le national et le communautaire. Ils devront aussi, en réhabilitant l'« éthique de l'argumentation » chère à Habermas, réconcilier les peuples avec ce grand dessein collectif qui, sans eux, ne pourra jamais être ni repris ni remis en mouvement. Ils ne sont pas les plus mal placés pour réorienter la marche à l'Europe dans un sens plus « européen » et moins « américain », c'est-à-dire vers une économie de marché mieux contrôlée, plus sociale, moins assujettie à la tyrannie de la « gouvernance par les nombres », moins dure aux pauvres, plus attentive au long terme, etc.

Sur le long terme, nous savons bien que la « réunion » européenne s'accomplira un jour ou l'autre. Les pays du Vieux Continent n'auront pas d'alternative. Les peuples, en revanche, auront le choix des procédures, des institutions, des meilleurs moyens d'atteindre ce but. Les égarements du passé doivent servir de leçon. Il faudra rompre avec certains présupposés de Jean Monnet qui ne sont plus de saison. Plus question de « commencer par l'économie » ou de miser sur une avant-garde de « bâtisseurs » en reléguant les peuples au second plan ; plus question de parier sur l'effacement programmé des nations ou d'oublier l'approche *européenne* de l'économie de marché. Bref, le chantier est à nouveau devant nous. On appelle ça une refondation. Sur la nation, notamment, il est clair que la souveraineté nationale connaîtra de profondes métamorphoses. Elle ne sera pas à restaurer à l'identique, mais bien à *refonder*.

À brève échéance, en effet, les « altereuropéens » d'hier peuvent devenir les bâtisseurs de demain. C'est mon espérance, mais, pour reprendre Bernanos, celle-là est décidément un risque à prendre…

8

Souviens-toi du futur !

J'aime cette injonction. Mentalement, je me la récite souvent. Elle n'est paradoxale qu'en apparence. Je l'emprunte au quatrième commandement hébraïque (Deut. 25, 17-19). Il est porteur d'un mot hébreu, *zakhor*, qui enjoint à l'homme de se souvenir de « son » futur en particulier, et du futur en général. Se rappeler le futur, c'est ne pas oublier que nous sommes *en chemin* vers lui, en marche vers un avenir dont nous pensons qu'il sera meilleur. L'an prochain à Jérusalem !

Ainsi, l'espérance a une histoire. Et l'Histoire elle-même a une histoire, qu'on ne saurait évoquer sans mentionner les prophètes juifs – les « grands » comme Jérémie, Isaïe, Ézéchiel et Daniel, et les « petits » comme Osée, Joël, Michée ou Malachie. Sans toujours le savoir, nous sommes les héritiers de leur parole. Que disait-elle aux alentours des VIe et Ve siècles avant notre ère ? D'une certaine manière, *elle fondait l'Histoire*. Le messianisme des prophètes brisait net avec la représentation circulaire du temps des Grecs, des Orientaux, des Mésopotamiens ou des Perses. Ce qui fut sera, et ce qui est reviendra : ce thème de l'éternel retour – qui invite à une acceptation « sage » du monde tel qu'il est – est ainsi subverti par le prophétisme juif. Ce dernier clame scandaleusement que le temps *n'est pas circulaire mais droit*.

Cela veut dire que l'histoire des hommes ne doit plus se vivre comme calquée sur la circularité du cosmos. Elle n'obéit plus au principe de l'éternel retour. Dire qu'elle s'aligne sur un temps « droit », cela signifie qu'elle s'enracine dans un passé, une mémoire, une tradition et se déploie vers un futur, un projet, un dessein individuel ou collectif. Ce « moment axial » du premier messianisme équivaut à un chamboulement dont on ne mesure pas toujours l'ampleur. En effet, en modifiant la représentation de la temporalité, la parole prophétique bouleverse de fond en comble le sens de l'aventure humaine. La vie ne sera plus soumise au *destin*, à la fatalité (*fatum*), mais avancera en direction d'un « projet ». *Il n'y a pas de destin pour Israël*, proclame le Talmud, dans le traité *Shabbat* (156 a). Cela veut dire qu'il n'y a pas d'autre destin que *choisi*, et *construit*. Et cette construction s'enracine dans une tradition attentivement transmise et constamment revisitée. Autrement dit, le passé lui-même fonde le futur.

Certains herméneutes comme Shmuel Trigano ou Armand Abécassis parlent volontiers du « miracle juif » pour caractériser cette rupture dans la représentation du temps. Ils n'ont pas tort. Le fil de l'existence humaine déroulée selon une temporalité rectiligne change totalement de signification. De l'adaptation au monde postulée par les diverses formes de sagesse grecque, on passe à une *action* volontaire pour *réparer* le monde. Ce dernier a donc une histoire. La *méchanceté* qu'il porte en lui n'est ni fatale ni inguérissable. La tâche des humains est de ne plus abandonner le monde aux méchants, c'est-à-dire aux plus forts et aux plus riches. Il leur revient aussi de s'éloigner des railleurs indifférents (on dirait aujourd'hui les amuseurs ou les cyniques), ceux qui pourraient les détourner de leur responsabilité. Le premier psaume est explicite : « Heureux est l'homme qui n'entre pas au conseil des méchants, qui ne suit pas le chemin des pécheurs, ne siège pas avec ceux qui ricanent. »

En définitive, cette projection résolue vers l'avenir, cette volonté de braver l'impersonnalité cruelle du destin, les chrétiens l'ont rebaptisée *espérance*. La réappropriation apparaît en filigrane dans les *Béatitudes* où Jésus déclare *heureux ceux qui placent au centre de leur vie le souci de la justice*. En modifiant la signification de l'aventure humaine, la thématique du « temps droit » rend les hommes coresponsables de la marche du monde. On attendra donc des rois et des souverains qu'ils agissent en « colieutenants » de Dieu, formule que Calvin appliquera aux pasteurs. Interprétée de cette façon, l'espérance judéo-chrétienne n'est pas seulement attente de l'*autre monde*, celui d'après la parousie. Elle vise d'abord l'ici-bas, ses injustices à combattre, ses souffrances à apaiser, ses dominations à contenir.

Les Européens du XXIe siècle, qu'ils soient juifs, chrétiens, athées résolus ou agnostiques, doivent comprendre qu'ils sont les héritiers de cette *espérance* eschatologique, lointainement ancrée dans le messianisme juif et progressivement laïcisée au moment des Lumières. Par une série d'emboîtements auxquels j'ai consacré de nombreuses pages[1], un fil rouge, un lien historique unit la subversion prophétique d'Isaïe ou d'Ézéchiel à l'espérance chrétienne, puis au concept laïque de « progrès », théorisé par Condorcet dans son *Esquisse d'un tableau historique des progrès de l'esprit humain* (1795). Quand ils moquent aujourd'hui le « progressisme » d'hier, celui des gauches européennes, les perroquets médiatiques montrent leur inculture. Le progressisme en question – « Un autre monde est possible » – ne date pas des années 1960. Depuis l'origine, il est au fondement de la culture européenne et, par extension, de la culture occidentale.

C'est ce tropisme vers le futur, cette « avancée » collective vers l'avenir qui a permis à ladite culture européenne de rattraper le retard qui était encore le sien au XVe siècle, par rapport aux civilisations indienne, chinoise ou byzantine. Les quatre siècles d'hégémonie militaire, économique et culturelle de l'Occident que j'ai mentionnés plus haut furent la résultante de ce « progressisme » culturel qui tranchait

1. Voir *La Refondation du monde*, *op. cit.*

avec l'autocélébration satisfaite des autres grandes cultures, qu'elles soient indienne, chinoise ou arabe. Parmi tant d'autres, un philosophe chinois ne s'y était pas trompé. Il s'agit de Liang Shuming, un intellectuel des années 1920. Il jugeait la pensée chinoise *statique* comparée à celle de l'Occident qui est *en mouvement*. « La culture orientale et sa philosophie, écrit-il, apparaissent comme figées, inchangées depuis l'Antiquité. Elles sont restées les mêmes à travers les siècles. [...] Rien de tel pour la culture occidentale : ses courants de pensée ne cessent d'évoluer et ses modes d'expression se renouvellent au fil des âges[1]. »

⁂

Reste que le « progressisme » occidental, fruit de l'espérance judéo-chrétienne laïcisée et sécularisée, fit l'objet d'une terrifiante contrefaçon historique. J'y ai fait brièvement allusion au début de ce livre. Il est difficile de ne pas y revenir plus en détail. Je parle bien entendu du marxisme et de l'aventure communiste subséquente qui a sombré dans l'horreur concentrationnaire et le crime. Ce cousinage entre le judéo-christianisme et le marxisme apparu au XIXe siècle peut surprendre. Il est pourtant avéré, à telle enseigne qu'on a parfois assimilé le communisme à une simple hérésie chrétienne, comme il y en eut plusieurs dizaines au fil des siècles. Cette hérésie fut relativement brève

1. J'ai analysé cette différence dans *Le Commencement d'un monde...*, *op. cit.*

(moins d'un siècle) si on la compare au manichéisme par exemple qui, lui, aura été influent pendant près de mille ans. « Le monde est plein d'idées chrétiennes devenues folles », disait encore Chesterton. Le communisme, assurément, fut l'une d'elles.

Avec le recul, la folie historique dans laquelle il a sombré est assez facile à caractériser. L'idée que les hommes sont engagés dans une *histoire*, et que cette dernière est chargée de promesses eschatologiques, cette idée fut « inventée », si l'on peut dire, par le prophétisme juif il y a vingt-cinq siècles. Reformulée par les chrétiens, puis laïcisée au moment des Lumières européennes, elle marque aujourd'hui encore la particularité occidentale. Au XIXe siècle, l'hérésie – ou contrefaçon – marxiste aura consisté à *absolutiser ce concept d'Histoire*. À partir de Hegel, les philosophies de l'Histoire ont fait de cette dernière une réalité quasi divine. L'Histoire a occupé la place laissée vacante par Dieu dans une société déchristianisée.

L'Histoire divinisée devint l'horizon promis aux hommes, un horizon « premier », *c'est-à-dire indépassable*. Le vieux débat concernant la fin et les moyens changeait alors de sens. Pour se rapprocher d'une fin pareillement divinisée, tous les moyens devenaient légitimes, y compris la violence. On se souvient de la formule de Karl Marx sur « la violence accoucheuse de l'Histoire ». Une autre expression, de Hegel cette fois, insistait sur la « ruse de la raison ». Elle fut convoquée par les marxistes afin d'expliquer comment la violence, qui est un *mal*, pouvait accoucher d'un *bien* : l'avancée de l'histoire humaine.

Le travestissement du messianisme originel en « philosophie de l'Histoire » est assez bien résumé par cette idée d'*impatience* que le regretté Stéphane Mosès (mort en décembre 2007), philosophe juif et spécialiste de Franz Rosenzweig, analysait avec clarté. Pour Mosès, la mystique juive met en garde contre la tentation de l'impatience, c'est-à-dire une intervention *prématurée* des hommes dans le déroulement de l'Histoire[1]. La responsabilité du monde à venir et le refus d'un destin prédéterminé n'impliquent nullement la précipitation. De la même façon, l'espérance chrétienne fait toute sa place à *l'attente*. Saint Augustin l'évoque à plusieurs reprises dans ses *Confessions*. En outre, le messianisme juif et l'espérance chrétienne expriment une exigence d'absolu qu'aucune réalité historique ne pourra satisfaire immédiatement sans la trahir. L'espérance est donc aussi patiente que la philosophie de l'Histoire est impatiente ; elle est attentive quand l'autre est implacable.

C'est en ce sens que le communisme fut bien une hérésie judéo-chrétienne.

⁂

Voilà des années que notre rapport à la temporalité me passionne. Pourquoi donc ? Je ne m'étais jamais posé la question. Comme on remet son ouvrage sur le

1. J'ai consacré à cette « contrefaçon » le dernier chapitre du *Goût de l'avenir* (Éd. du Seuil, 2003, et « Points Essais », n° 568).

métier, j'examinais et réexaminais, de livre en livre, cette question, en l'abordant de différentes manières. Sans que ce soit délibéré, les inquiétudes qui m'habitent parfois me ramènent, tôt ou tard, à cette unique question du temps. Je n'en fais pas une affaire personnelle qui tournerait autour de l'âge et de la vieillesse. Ce n'est pas cela. Aujourd'hui, je comprends un peu mieux mon obstination. C'est avec la temporalité humaine que *l'espérance a partie liée*. Elle s'affronte toujours à la résistance du temps ou à sa dérobade. Seule la façon dont nous nous représentons le temps est capable – ou non – de donner forme à l'espérance.

Nous retrouvons ce paradoxe jusqu'au plus quotidien de notre vie en société. Quand nous refusons aujourd'hui de subir mécaniquement l'avenir, quand nous refusons que nos enfants soient jetés dans un « nouveau-nouveau monde » que nous n'aurions ni choisi ni organisé, nous laissons transparaître – y compris de façon inconsciente – une *certaine idée* de la temporalité historique. Elle se rapporte à l'*ontologie du temps*. Je reprends ici un beau titre du philosophe Nicolas Grimaldi, dont la lecture m'avait éclairé. Je me souviens qu'il évoquait « cette subversion continue du présent par l'avenir qu'on peut indifféremment nommer tension, ou effort, ou élan, ou désir, ou volonté[1] ».

C'est bien cela que, pour ma part, je nomme espérance.

1. Nicolas Grimaldi, *Ontologie du temps. L'attente et la rupture*, PUF, 1993.

La maladie de l'espérance qui frappe nos sociétés correspond ainsi à une *maladie du temps*. Nous en connaissons les symptômes. Nous en contemplons chaque jour le spectacle et nous en subissons les tourments. Du plus anecdotique au plus fondamental. Pensons aux tourbillons des salles de marché qui spéculent au rythme de la nanoseconde, si vite que l'on doit déléguer cette gestion à des ordinateurs. Songeons à nos démocraties d'opinion qui sautillent, de petites phrases en sondages, d'éléments de langage en annonces « ciblées », de popularité façon *showbiz* en lynchages soudains. Interrogeons-nous sur ces responsables qui « décident » quotidiennement (ou croient le faire) le nez sur leur guidon ou les yeux rivés à leur écran, tétanisés par l'immédiateté, devenus incapables de regarder vers l'avant. Inquiétons-nous de voir, en matière d'information, la hâte pathologique démanteler notre rapport à la *vérité*. Craignons que le crétinisme médiatique, qui en est le produit, n'engloutisse définitivement nos sociétés dans un bourdonnement nihiliste.

Dans un autre domaine, demandons-nous s'il est bien raisonnable d'accorder tant d'attention aux indices niais, et toujours chiffrés, qui scandent notre prétendue *actualité* et sont censés mesurer notre bonheur : niveau du CAC 40, prévisions de croissance, moral des ménages, popularité de monsieur Tartemuche, taux d'audience, nombre d'entrées, cours de l'euro, etc. Deux minutes de réflexion suffisent pour comprendre que tous ces signes, mesures, nombres et indices sont autant de leurres. Ils colonisent notre esprit. Ils détournent notre attention des véritables questions : Où allons-nous ensemble ? Quelle sorte de société voulons-nous construire ? Comment échapper à la violence de tous contre tous ?

⁂

Si j'ai consacré plusieurs pages à la rupture inaugurale du messianisme juif et de l'espérance chrétienne, je l'ai fait à dessein. Je crains par-dessus tout que ce « goût de l'avenir » par lequel Max Weber définissait la démocratie elle-même ne finisse par nous quitter. La résignation qui s'ensuivrait correspondrait à une formidable régression. Quand j'en appelle à l'espérance, je ne fais que pointer du doigt un péril. Pour le dire autrement, je redoute que nous effacions – sans même nous en rendre compte – la longue parenthèse (vingt-cinq siècles !) du « temps droit » et du futur prometteur, pour en revenir à une molle acceptation de l'ordre établi. Puisque le temps est circulaire, à quoi bon. À mi-voix, l'air du temps nous invite quotidiennement à cette désespérance consentie, à cet insipide renoncement.

Et sur tous les tons, à commencer par le plus bête. À la télévision, quand un animateur ou une animatrice veut se moquer (gentiment !) d'un invité, la question est toujours la même : « Alors, comme ça, vous voulez changer le monde ? »

Quand un homme politique – généralement de gauche – assure vouloir proposer un grand dessein à ses compatriotes, on sourit de ses « rêveries ». Ces murmures anodins, additionnés les uns aux autres, composent notre *subpolitique*, ce préjugé collectif porté par l'air du temps. La *subpolitique*, ce sont ces mille et un réflexes langagiers, ces minuscules conformismes, ces clichés médiatiques qui s'assemblent comme de la limaille pour conférer à une époque sa couleur et sa sonorité. Cela passe par les bavardages télévisés, les émissions de variétés, le « plus » d'Internet et l'entremêlement des blogs et des *twitt*.

Dans cette soupe du moment, les humoristes sont en bonne place. À vrai dire, ils sont partout. Notre mémoire collective se souviendra que le début du XXIe siècle aura été médiatiquement marqué par l'omniprésence des amuseurs, imitateurs et farceurs télévisés. On peut comprendre que le besoin de sourire soit d'autant plus pressant que l'époque est plus triste. Je ne crois pas que cela suffise à expliquer cette inflation de la rigolade. La tonalité de cette dernière me semble moins réjouissante. La dérision contemporaine campe dans l'insolence, mais la posture est sans conséquence. Il est commode de rire du curé, du pape ou du rabbin, du politique ou du juge, du policier, du préfet ou du prof. Ce sont des cibles fragiles sur lesquelles chacun peut tirer sans péril. En revanche, on se gardera de rire de l'argent omniprésent, du riche à paillettes, du brasseur d'affaires ou du boursicoteur, vraies puissances du moment. Ainsi se trouvent le plus souvent épargnés par le rire ceux-là mêmes que l'époque vénère sans se l'avouer : gagneurs tous azimuts, mondains branchés et pessimistes chics.

Au total, ladite subpolitique est plus complaisante à l'endroit de l'ordre établi qu'on ne le croit. Or elle finit par être plus influente que la « vraie » politique ; elle acquiert une sorte d'*hégémonie sous-culturelle*. On n'accorderait pas plus d'importance à ces fadaises si, à côté de ce désabusement inconsciemment colporté par le bas clergé médiatique, n'apparaissait un commencement de théorisation idéologique.

Cette sous-idéologie rampante correspond au fameux « lâcher-prise ». L'expression est plus à la mode que jamais. Elle suggère que nous renoncions une fois pour toutes à transformer le monde. Pour ce faire, on invoque dorénavant le risque écologique. À cause de lui, le monde ne serait plus à transformer mais à sauver du désastre. Pour cela, nous devons renoncer à le bousculer au nom des lendemains qui chantent. Il nous faudrait, en somme, renoncer une fois pour toutes au principe espérance. En choisissant d'appeler son livre-manifeste *Le Principe responsabilité*, Hans Jonas, que je citais plus haut, se référait explicitement (pour le réfuter) au livre d'Ernst Bloch, *Le Principe espérance*. Il mettait en vis-à-vis, afin de les opposer, l'idée d'*espérance* et celle de *responsabilité*. Nous serions irresponsables d'agir aujourd'hui en écoutant notre espérance. Nous devrions, en quelque sorte, soumettre l'espérance humaine au principe de précaution.

Je suis en désaccord radical avec cette alternative dans laquelle les héritiers de Jonas voudraient nous enfermer : *transformer* ou *sauver* le monde. Nous serions sommés de choisir entre l'un et l'autre, c'est-à-dire de ne pas choisir puisque aucune personne sensée ne peut choisir de hâter la fin du monde. Derrière le raisonnement de Jonas se profile un antihumanisme de *bonne* volonté qui n'est pas très éloigné des excès de la *deep ecology*. Au demeurant, Jonas fut durement critiqué pour avoir recommandé certaines entorses à l'égard de la démocratie, jusqu'à la mise en place (provisoire) d'un régime autoritaire, s'il s'agit de sauver la planète.

Je suis convaincu que la question ne se pose pas en ces termes. Il ne s'agit pas de choisir entre *transformer* et *sauver*. Les deux sont liés. C'est en transformant le monde qu'on le sauvera. Y compris – et même surtout – du désastre écologique. Combattre l'incivisme des oligarchies toutes-puissantes qui s'arrogent un droit au gaspillage, au pillage, au consumérisme ostentatoire, c'est bien *contribuer au sauvetage du monde*. Lutter contre la brutalité des firmes multinationales, motivées par l'appât du gain, et indifférentes aux dégâts écologiques qu'elles provoquent, c'est *aider à sauver le monde*. Bien des luttes sociales sont ainsi, *de facto*, écologiques.

Ce n'est pas tout. La sous-idéologie du « lâcher-prise » est d'autant plus dangereuse qu'elle consonne avec l'air du temps. En se détournant de toute espérance, le lâcher-prise nous invite à une approche strictement gestionnaire de la démocratie, approche *a minima* qui s'accommode très bien d'un État faible ou impotent. Il pousse à mettre en œuvre des politiques macroéconomiques basées sur l'équilibre des comptes, la course à la productivité et la lutte obsessionnelle contre l'inflation ; des politiques qui servent objectivement les intérêts des rentiers et des actionnaires, au détriment des plus jeunes.

Il est vrai que les économistes de la pensée dominante – j'y ai fait allusion plus haut – ont intériorisé ce qu'ils appellent la *dépréciation du futur*. Ils répugnent aujourd'hui à imaginer des modélisations macroéconomiques fondées sur le temps long. Un humoriste pourrait en tirer un sketch : l'économie politique, elle aussi, a perdu toute espérance !

La même perte menace la vie culturelle, une perte d'autant plus insidieuse qu'elle se présente comme un assagissement. Depuis le milieu des années 1980, un regain d'intérêt se manifeste pour la sagesse gréco-romaine, telle qu'on peut la saisir à travers Sénèque, Cicéron, Platon, Plutarque, Aristote, Épictète, Lucrèce et quelques autres. Quantité d'ouvrages proposent de revisiter les textes dits *sapientiaux* (qui traitent de la sagesse). Le grand public est sensible à cette invite. L'appétence nouvelle pour la philosophie gréco-romaine n'est pas sans rapport avec ce qu'on appelle l'épuisement des idéologies ou le désarroi contemporain. Message implicite : on a échoué à « réparer » le monde, occupons-nous de nous-mêmes, donnons la priorité à nos propres désirs.

En redécouvrant aujourd'hui Sénèque ou Épictète, nos contemporains essaient de réapprendre à vivre. En témoigne le succès persistant de certains courts traités de Sénèque comme *De la brièveté de la vie* ou *De la vie heureuse*, ou encore, du même, les superbes *Lettres à Lucilius*. S'y manifeste avec une paisible acuité ce que Michel Foucault, reprenant les Grecs, appelait un *souci de soi* (*epimeleia heautou*), lequel s'accorde avec l'individualisme du moment. Il y a ainsi une relecture quasi californienne, ou même *new age*, des philosophies antiques. Elle ne va pas sans malentendus. Par certains côtés, notre fascination pour le « miracle grec » témoigne d'un retour en arrière moins innocent qu'on ne l'imagine. Stoïcisme ou épicurisme sont deux manières de consentir au réel, sans volonté de le transformer. Une expression en rend compte : l'*amor fati*, cet amour du destin que Nietzsche se réappropria.

Aujourd'hui, la fascination pour la sagesse (passive) et le consentement résigné au *destin* trahissent le creusement d'un vide. Ils signalent un grand désenchantement collectif. J'allais dire « une exténuation très européenne ».

⁂

Quand je rentre d'un voyage à l'étranger, notamment d'Asie, je suis stupéfait que mes compatriotes ne voient pas ce qui crève les yeux : les Européens que nous sommes ressemblent de plus en plus à des retraités revenus de presque tout. Ils sont attendris par les souvenirs communs et aiment, par-dessus tout, les commémorations. Le souci d'eux-mêmes les captive, en effet. Ils préfèrent ne pas trop penser à l'avenir collectif, tant celui-ci leur paraît menaçant. Ils profitent donc le mieux possible du présent et entretiennent leur forme physique. L'Europe glisse doucement vers son troisième âge. À d'autres le « goût de l'avenir », la vitalité de l'espérance et la volonté de *réparer* le monde !

Eh bien, justement, quiconque revient de Chine, de Corée du Sud ou du Vietnam vérifie, par contraste, que la nouvelle faiblesse de l'Europe tient à l'inespoir confortable qui habite son imaginaire. L'espérance paraît nous avoir quittés, et avec elle tout ce qui participait du *projet*. Nous ne sommes plus « tirés vers l'avant », comme ce fut le cas pendant quatre siècles. Notre moteur est en panne. Une douzaine d'heures d'avion entre Shanghai et Paris suffisent pour prendre conscience du contraste. L'Asie tout entière vit dans le (ou les) projet(s) alors que l'Europe met en ordre ses souvenirs. L'Asie imagine, crée, construit, multiplie les projets de toute nature. L'ironie de l'Histoire est à peine croyable : voilà que cet Orient du monde, jadis trop immobile et trop sage pour se développer, nous arrache peu à peu des mains le goût de l'avenir, c'est-à-dire le legs judéo-chrétien de l'espérance qui nous était propre.

Sur ce point précis mais décisif, l'Asie deviendrait-elle plus occidentale que nous ?

9

Un pessimisme à front de taureau

Le pire serait d'imaginer que l'espérance est un rêve gentil, une consolation « à la portée des caniches » (comme disait Céline de l'amour et de l'infini). Elle est d'abord un exercice de lucidité, un pari de désenvoûtement. Car nous sommes bien « envoûtés », et notre pessimisme ordinaire en est le produit. Par bien des côtés, il est proche cousin de la bêtise. Il a son même « front de taureau », pour reprendre l'expression de Charles Baudelaire dans *L'Examen de minuit*. J'aimerais apporter quelques indices.

Commençons par les plus simples. Pour user d'une terminologie savante, notre entendement est configuré – et stabilisé – par ce que les Anglo-Saxons appellent des « filtres cognitifs ». À notre insu, le cerveau engrange et stocke *d'abord* ce qui conforte ses préjugés, sa cohérence, sa subjectivité. Ainsi sommes-nous toujours plus ou moins dans la « croyance », une subjectivité qui gouverne notre perception du monde et s'autoalimente. Elle tend à persévérer dans son être. Marcel Proust avait déjà écrit cela dans *Du côté de chez Swann* : « Les faits ne pénètrent pas dans le monde où vivent nos croyances. »

Notre conscience prélève donc ce qui conforte sa cohérence et écarte ce qui n'entre pas dans sa logique. Aujourd'hui, le mécanisme barre la route aux informations qui contrediraient le pessimisme ambiant. Nous avons tendance à ne pas les voir, ni à les entendre, encore moins à les mémoriser. Au début de ce livre, j'incriminais la logique médiatique qui, par vocation, privilégie le tragique, le catastrophique, le désespérant. Mais l'appareil médiatique n'est pas le seul responsable du pessimisme partagé. Chacun de nous y participe en laissant fonctionner les filtres cognitifs décrits plus haut. Nous n'arrivons pas à recevoir, à intégrer puis à transformer en conscience une *bonne nouvelle* qui nous viendrait du dehors. Or ces nouvelles rassérénantes sont plus nombreuses qu'on ne l'imagine. Cela n'empêche pas l'espèce d'autisme dont nous sommes affectés à leur endroit. Même quand nous percevons quelque écho de leur existence, nous n'absorbons pas les informations de ce type.

⁂

Prenons l'exemple de la violence déchaînée qui serait une caractéristique de l'époque. Influencés par les médias, nous sommes absolument certains que nos sociétés sont hantées par une violence accrue et préoccupante. Dès qu'approche une élection, le thème de l'insécurité refait surface dans toute l'Europe. Ce n'est pas dû au hasard. L'augmentation de la population carcérale ; les statistiques policières fiévreusement produites et scrutées ; les faits divers médiatisés à l'envi : tout cela tendrait à nous « prouver » que la violence est devenue reine et qu'elle augmente chaque année. Or rien n'est plus faux. Les historiens qui ont examiné de près la question montrent que, bien au contraire, le niveau de violence *n'a cessé de diminuer dans nos sociétés*, et depuis la fin du XIVe siècle. Robert Muchenbled, auteur d'une monumentale *Histoire de la violence*, publiée en 2008 (Seuil), met en lumière, preuves à l'appui, cette baisse continue. Sauf quelques ressauts provisoires, liés à une situation de crise donnée, l'évolution est constante, quels que soient les paramètres choisis pour la mesurer.

Au total, nos sociétés démocratiques – même en période de crise – sont bien moins dangereuses que ne le furent la plupart des sociétés du passé. C'est surtout vrai en Europe. Cela nous semble stupéfiant, mais c'est ainsi. Que l'on songe au terrorisme du XIXe siècle – celui de Ravachol ou de la bande à Bonnot –, aux bas-fonds coupe-gorge de l'Ancien Régime ou aux grands chemins du Moyen Âge. C'est d'ailleurs l'accoutumance à cette sécurité améliorée qui nous rend hypersensibles aux violences bien réelles mais éparses qui demeurent et aux incivilités de toute nature. Sans vouloir manier le paradoxe à l'excès, on pourrait dire que nous sommes d'autant plus allergiques à la violence que celle-ci diminue. Nos sociétés développées sont psychologiquement fragiles. Elles semblent défaillir au moindre drame, à la plus ponctuelle violence, immédiatement surmédiatisée. Les « cellules psychologiques » que l'on dépêche sur le terrain au lendemain d'un fait divers tragique témoignent à elles seules de cette vulnérabilité collective.

Au final, nous sommes pourtant confrontés à une étrangeté : la baisse de l'étiage moyen de la violence est une vérité historique. C'est aussi une très bonne nouvelle. Or elle est très peu prise en compte. Médiatiquement, elle n'existe pas. Notre erreur d'appréciation est inconsciente mais aussi forte que réelle. Fondée ou non, la peur l'emporte, et les politiciens savent mieux que quiconque l'instrumentaliser.

La même remarque vaut pour la violence internationale, c'est-à-dire les guerres proches ou lointaines. Les téléspectateurs que nous sommes devenus sont persuadés que le monde est à feu et à sang. Ils peuvent le vérifier tous les soirs en regardant la télévision. Or ce n'est pas toujours vrai. Les guerres sont plus « visibles » en temps réel, mais il arrive que leur intensité diminue. Un seul exemple : si l'on quantifie en nombre de morts la violence guerrière, alors il faut se rendre à l'évidence : la décennie 2001-2011 aura été la moins meurtrière *que le monde ait connu depuis plus d'un siècle*. Entre 2001 et 2011, les différentes guerres (Irak, Darfour, Afghanistan, Congo, etc.) ont fait moins d'un million de morts en dix ans. Le chiffre glace le sang, mais il n'est rien si on le compare à celui de la décennie précédente, soit les années 1990-2000 (Tchétchénie, Rwanda et Grands Lacs), ou à celui des années 1980 (Irak-Iran, Érythrée, intervention soviétique en Afghanistan), ou encore à celui des années 1970 (Vietnam, Cambodge, Angola, Bangladesh). Il faut remonter à la période 1815-1840, celle qui suit les hécatombes des guerres napoléoniennes, pour retrouver un étiage de victimes aussi bas que durant les années 2001 à 2011 [1].

Imaginons un grand journal ou une chaîne de télévision qui titrerait ou « ouvrirait » ainsi : *le monde connaît une accalmie sans précédent depuis un siècle*. Il ne ferait que rapporter une information vérifiée, mais il (ou elle) n'en scandaliserait pas moins l'opinion. Cette information-là ne serait pas crue, ni même prise en compte. Cela veut dire qu'au sujet des guerres ce que nous « ressentons », et qui alimente en continu notre pessimisme, *ne correspond pas à la réalité*, mais que le ressenti l'emporte. La vérité, en somme, ne fait plus sens.

De la même façon, si un média quelconque insistait sur le peu de victimes que fait, d'une année sur l'autre, le terrorisme, il serait jugé irresponsable ou provocateur. Et pourtant ! Si l'on se réfère aux statistiques du Secrétariat d'État américain, le nombre desdites victimes est quasi négligeable à l'échelle de la planète. Cela veut dire que le terrorisme n'est pas une réalité *militaire* mais relève de la psychologie collective. En termes opérationnels, son effet est presque nul. En revanche, le fossé qui sépare le ressenti de la réalité entraîne cette fois des effets pervers. Chaque fois

1. Pour en savoir plus : http://www.herodote.net/articles/article.php?ID=1193

qu'on surévalue les effets du terrorisme – comme le font médias et politiciens –, on sert naïvement ses objectifs en le rendant plus « terrorisant » qu'il n'est. Certes, on n'insistera jamais assez sur le caractère abject de ce mode d'action et sur l'urgence de la lutte antiterroriste. Mais il faut éviter de perdre son sang-froid car c'est justement ce qu'attendent les terroristes. En noircissant le tableau et en optant pour le « pessimisme », on concourt à l'efficacité du meurtre et à la désespérance collective.

L'analyse peut être étendue à un grand nombre de sujets. Hormis quelques rares dissidents comme Jean-Christophe Victor, animateur sur Arte de l'émission *Le Dessous des cartes*, personne à la télévision ne prend – jamais ! – la peine d'expliquer, ne serait-ce qu'une fois par an, pourquoi le monde va plutôt mieux qu'il y a quarante ans. Il suffit de se planter devant un planisphère pour s'en convaincre. Le champ d'application de la démocratie s'est beaucoup élargi par rapport aux années 1970 : en Amérique latine, dans l'ancien monde communiste, au Proche-Orient et même en Afrique. Des continents entiers se sont arrachés à la misère. Même s'ils souffrent encore d'inégalités révoltantes, ces pays connaissent une amélioration qu'on peut qualifier d'historique.

Le journaliste que je fus en fait l'expérience quand il retourne dans ces pays-continents où il a travaillé : l'Inde, la Chine, le Brésil, l'Éthiopie… Je suis sidéré d'y constater un tel progrès. Or cette émotion positive qui m'habite alors, je n'en trouve pas beaucoup d'échos dans le ronron journalistique. Lorsque j'en fais état, dans une chronique ou dans un livre, on met cela sur le compte de mon « indécrottable optimisme ». Telle est désormais la règle : la charge de la preuve incombe à l'apporteur de bonnes nouvelles. *A priori* on le soupçonne de candeur alors qu'on accepte pour argent comptant tout ce que colportent les messagers du pessimisme.

C'est idiot ! C'est fou ! Mais c'est ainsi.

⁂

Pour le dire d'un mot : tout ne va pas aussi mal que le disent les pessimistes en chambre. En apporter la preuve est un exercice délicat. On doit pour cela affronter la « société des railleurs » dont parle la tradition juive. Or les railleurs sont ontologiquement pessimistes. Oh, bien sûr, quand il s'agit de réévaluer les fureurs du monde, on parvient tant bien que mal à ébranler leurs certitudes. On peut s'appuyer sur des chiffres, des données mesurables, etc. Tout se complique en revanche quand on veut s'attaquer au *paradigme* du pessimisme. Rappelons que le mot *paradigme*, inventé en 1962 par l'historien américain des sciences Thomas S. Kühn, désigne l'ensemble cohérent des hypothèses, des lois, des croyances, des valeurs et des techniques qui sont communes aux membres d'un groupe humain à un moment donné. La compacité et l'arrogance du pessimisme contemporain justifient qu'on l'assimile à un *paradigme*. Il mérite d'être questionné.

Le moment est devenu propice. Aujourd'hui, les démentis apportés à l'inespoir dominant ne viennent plus seulement des milieux « humanistes ». Ils prennent source sur le terrain des sciences expérimentales, des nouveaux savoirs neurologiques, bref, des découvertes concernant le fonctionnement de l'intelligence humaine. L'apport de ces disciplines permet de contester des « vérités » admises depuis longtemps à propos de la nature humaine. Des universitaires de toutes nationalités s'intéressent plus que jamais à des concepts aussi insolites que la *gratuité*, l'*empathie*, le *bénévolat*, le comportement *coopératif*, etc. De la même façon, depuis les travaux du neurobiologiste Antonio R. Damasio, on a appris à réévaluer le rôle joué par les émotions dans l'acuité de l'intelligence.

Au début, ces nouvelles approches furent prises pour des curiosités de la connaissance. Elles étaient « pittoresques » et amusantes à raconter. On découvre maintenant qu'elles érodent des pans entiers du discours dominant. À y regarder de plus près, elles pourraient même rendre caduque la vision de l'homme où s'abreuve l'inespoir contemporain. Le néolibéralisme, pour prendre cet exemple, s'est beaucoup nourri d'une représentation de l'homme – *Homo œconomicus* – plutôt rudimentaire et carrément pessimiste. Ce dernier n'obéirait qu'à ses intérêts particuliers et bien compris. Il échafauderait en permanence des stratégies pour servir au mieux cet égoïsme naturel. La loi de l'offre et de la demande repose sur ce postulat. À partir de cette vision, on a construit de grandioses théories comme celle des « anticipations rationnelles », qui furent très prisées au moment de la révolution conservatrice de Reagan et de Thatcher. Lesdites théories ne sont plus guère évoquées aujourd'hui. Avec le recul, elles paraissent ridicules.

En revanche, la défense de l'économie de marché se fonde toujours sur la fameuse *Fable des abeilles*, publiée en 1705 par le philosophe anglais d'origine italienne Bernard de Mandeville. Cette fable, dont le sous-titre était *Vices privés, bénéfice public*, prenait l'exemple de la ruche pour montrer que l'égoïsme de chacun peut coïncider avec le bonheur de tous. En s'affairant, chacune des abeilles obéit à son intérêt propre, mais la combinaison de ces stratégies solitaires assure la cohésion et la survie de la ruche[1].

On attribue à l'Écossais Adam Smith la théorisation de cette idée dans son fameux essai de 1776 : *Recherches sur la nature et les causes de la richesse des nations*. Il propose dans ces pages la métaphore de la *main invisible*, cette capacité sans pareille du marché qui, en combinant les intérêts égoïstes de chacun, aboutit au bien-être de tous. À la source même de l'efficacité du marché, il y a donc un *égoïsme agissant*. Ce « vice » devient du même coup une « vertu », au regard de la théorie économique, et le *pessimisme*, quant à l'homme, devient le vrai moteur de l'économie moderne. À la limite, plus l'homme sera « mauvais » (au sens d'égoïste), mieux l'économie fonctionnera.

1. J'ai longuement développé cette analyse dans *La Refondation du monde*, *op. cit.*

Notons au sujet d'Adam Smith que les tenants du libéralisme, consciemment ou non, invoquent son nom en trichant beaucoup. Avant d'écrire son grand œuvre sur la *Richesse des nations*, Smith avait publié une vingtaine d'années auparavant (en 1759) sa *Théorie des sentiments moraux*, dans laquelle il insistait sur la notion de *sympathie* qui nous permet de partager les sentiments d'autrui et concourt à l'équilibre d'une société. La vision de l'homme qui s'exprime dans ces pages est moins schématique, plus généreuse, plus subtile que celle qui ramène le comportement humain à la seule poursuite avide de l'intérêt individuel. Bien souvent, hélas, on cite Adam Smith en passant par pertes et profits ce premier texte qui complète et corrige le second. On oublie surtout de préciser que Smith avait porté un jugement sévère sur ce qu'il appelait le « grand mensonge » du docteur Mandeville. Cet oubli récurrent confine à la manipulation délibérée. Il fait songer, *mutatis mutandis*, à la façon dont les promoteurs du darwinisme social – à commencer par le philosophe anglais Herbert Spencer – ont instrumentalisé la théorie de l'évolution pour faire dire à Darwin le contraire de ce qu'il disait au sujet de la « survie du plus apte » (expression inventée par Spencer).

Ces tricheries n'ont pas été sans conséquences. Avec le recul, il apparaît que toutes les sciences humaines auront été profondément marquées, pendant toute la durée du XXe siècle, par une vision assombrie et quasi désespérée de l'homme [1]. Qu'il s'agisse de l'économie politique, de l'éthologie, de la psychanalyse, de la géopolitique, pour ne citer que ces disciplines, l'être humain est perçu comme un calculateur sans états d'âme, un tueur sans complexes, un être assoiffé de puissance ou un pervers polymorphe. Sans nous en rendre compte, nous avons intériorisé depuis longtemps ce *paradigme* au point de ne plus oser en discuter la pertinence. Nous faisons même pire en considérant comme naïf ou imbécile quiconque n'adhère pas à cette vision désenchantée de l'humain.

D'une décennie à l'autre, la *subculture* invente sans cesse de nouvelles railleries pour déconsidérer le naïf en question. La dernière en date consiste à s'esclaffer devant le « monde des Bisounours » auquel prêterait foi l'optimiste. Il faut voir, alors, la sotte jubilation de tel animateur de télévision ou de tel humoriste qui laisse entendre que lui-même sait très bien que le monde des Bisounours n'existe pas. Ah, mais ! Cela montre à quel point le *paradigme* de l'inespoir est enraciné profond.

Son dépiautage s'impose. Il a même commencé.

Quantité d'universitaires et de chercheurs s'intéressent aujourd'hui à des expériences qui remettent en cause la vision pessimiste des motivations humaines. Des réalités jamais prises en compte auparavant sont

1. J'emprunte cette idée et cette notation sur les sciences humaines au psychologue Jacques Lecomte, auteur d'un ouvrage courageux, à contre-courant de la pensée dominante : *La Bonté humaine. Altruisme, empathie, générosité*, Odile Jacob, 2012.

aujourd'hui examinées de près, y compris de manière scientifique. Plaisir de donner, préférence pour l'action bénévole et « bénéfices » tirés de ce bénévolat, choix productif de la confiance, dispositions empathiques du cerveau, stratégies altruistes et réciprocités coopératives, importance du *don* dans le fonctionnement de l'économie : longtemps laissés au bon vouloir de la réflexion morale, ces concepts sont aujourd'hui réhabilités de façon expérimentale par la neurobiologie ou par la psychologie. Untel mettra en évidence le rôle joué par certaines hormones comme l'ocytocine, ou « hormone de la confiance ». Tel autre étudiera l'influence bénéfique du bénévolat sur l'équilibre psychologique du volontaire et, partant, sur son espérance de vie.

Des auteurs aussi différents que le Français Boris Cyrulnik ou l'Américain Jeremy Rifkin ont acquis une notoriété méritée en relayant (avec d'autres) ces approches nouvelles, toutes fondées sur une représentation plus *optimiste* des motivations humaines. Avec son concept de résilience, Cyrulnik montre de quelle façon une grande souffrance vécue peut devenir le socle d'une renaissance. Dans l'un de ses derniers livres, Rifkin n'hésite pas à pronostiquer de son côté notre entrée dans *une civilisation de l'empathie*. Pour lui, il devient impératif de remodeler notre conscience pour que les humains puissent s'aider mutuellement à vivre et à prospérer dans la nouvelle société mondiale[1].

1. Jeremy Rifkin, *Une nouvelle conscience pour un monde en crise. Vers une civilisation de l'empathie*, Éditions Les liens qui libèrent, 2011.

Autrement dit, l'optimisme n'est pas seulement justifié, il devient pertinent.

⁂

À ce stade, l'optimisme retrouve une dimension réflexive et volontariste qui le rapproche de l'espérance. Il devient choix personnel, aventure intérieure, assentiment intime. Il n'est plus une simple tournure d'esprit ou une disposition à la bonne humeur. Comme l'espérance, il devient le moteur d'un engagement. Je propose d'appeler « optimisme stratégique » ce *parti pris*. Il est stratégique car il repose sur l'idée, mille fois vérifiée, selon laquelle le pessimisme est autoréalisateur. En d'autres termes, il contribue à faire advenir ce qu'il redoute. Il fait figure, en lui-même, de *prophétie autoréalisatrice*, telle que la définissait le sociologue américain Robert King Merton (1910-2003). L'exemple le plus couramment cité est le suivant : si une collectivité redoute la faillite de la banque commune, la meilleure façon de provoquer celle-ci est de céder collectivement au pessimisme, puis de courir aux guichets de ladite banque pour y retirer ses dépôts. La faillite, dès lors, est assurée.

Cette rétroaction psychologique a été théorisée par les marchés financiers, qui savent très bien qu'une croyance anticipée engendre – le plus souvent – un résultat conforme à cette croyance. Le même raisonnement peut être étendu à bien d'autres domaines : la guerre et la paix, la cohésion sociale, le devenir d'une société, la représentation de l'avenir, etc. Sur ces terrains, l'optimisme stratégique devient constitutif du succès, tandis que le pessimisme est le plus sûr chemin vers l'échec. À l'intérieur d'un groupe humain, la confiance partagée est plus *productive* que la défiance généralisée, et cela indépendamment de toute considération morale. Face aux impératifs concurrentiels d'une économie mondialisée, les spécialistes reconnaissent aujourd'hui que le meilleur atout dont puisse disposer une économie nationale, c'est la *cohésion sociale*. Or cette dernière est rendue possible grâce à deux ingrédients immatériels : un sentiment de justice et un degré minimal de confiance. L'un comme l'autre sont inatteignables dès lors que prévaut une vision *dépréciative* de l'être humain.

Ces considérations, je l'avoue, me réjouissent. Elles ridiculisent, au passage, le dandysme « éclairé » qui se vante de sa propre déréliction. Au vrai chic des exténués !...

10

Affaire de décision

Au sujet de l'espérance, on m'oppose plusieurs objections, toujours les mêmes. Comment garder espoir quand le monde est si verrouillé ? Comment ne pas perdre pied quand des logiques – financières, militaires, climatiques – aussi puissantes sont à l'œuvre ? Comment trouver une issue quand l'époque semble à ce point irrespirable ? À trop vouloir combattre le pessimisme, comment ne pas tomber dans la niaiserie ?

Je prends au sérieux ces questions. Elles méritent d'être posées. En réponse, je dirai que nous devons d'abord faire un effort de mémoire. Depuis des lustres et des lustres – et hormis de fugitifs âges d'or –, chaque génération a l'impression d'affronter des menaces, des dangers, des fatalités sans recours ni remèdes. À ceux qui pensent que la situation est aujourd'hui *plus dangereuse qu'elle ne l'a jamais été*, je propose donc de se transporter mentalement vers le passé, par petits bonds en arrière de trente ou quarante ans (l'espace d'une génération). Le voyage en vaut la peine.

Commençons par les années 1960. J'étais lycéen, puis étudiant, je m'en souviens. Nous étions alors au cœur des Trente Glorieuses : croissance forte, chômage quasi inexistant, État-providence en pleine puissance, etc. Aujourd'hui, par contraste avec le temps présent, on est tenté de présenter ces années-là comme une période bénie des dieux. Faisant cela, on oublie l'essentiel : nous étions en plein équilibre de la terreur. L'avenir le plus probable était la guerre nucléaire. Tout le monde en était convaincu. Cette perspective imprégnait l'air du temps, colorait la littérature comme le cinéma.

Le film d'Alain Resnais *Hiroshima mon amour* date de 1959. L'inconscient collectif des Européens n'était pas vraiment habité par l'espérance. Au surplus, nous avons appris depuis lors que ladite apocalypse nucléaire avait été évitée de justesse en 1962, au moment de la crise des fusées de Cuba. Le mouvement Punk qu'on a associé au slogan *no future* (pas d'avenir) est né à la toute fin des années 1960. Coïncidence ? Bien sûr que non.

Remontons d'un cran. Nous sommes en 1920. L'Europe vient de sortir de quatre années d'épouvante : 1914-1918. Une ombre sépulcrale plane et planera longtemps sur les sociétés européennes. La sauvagerie exterminatrice qui a saisi le Vieux Continent, celui qui se croyait le plus civilisé du monde, a jeté un doute sur l'intelligence humaine. La grande tuerie a fait naître, par contrecoup, des mouvements artistiques ou littéraires comme le dadaïsme (né à Zurich en 1916) ou le surréalisme (1917) qui mettaient explicitement en doute *la pertinence de la raison*. Mieux encore : ils récusaient toute idée d'espérance et privilégiaient le thème du bonheur immédiat et de l'improvisation, qu'ils opposaient à l'attente du lendemain. L'avenir était soudainement désigné avec la même défiance qu'aujourd'hui. La suite, avec la crise de 1929 et la Seconde Guerre mondiale, donnera d'ailleurs raison à cet inespoir militant.

Si l'on remonte encore d'une ou deux générations, on peut s'interroger sur la nature de la désespérance qui s'exprime, par exemple, en 1836, dans les pages du livre d'Alfred de Musset, *La Confession d'un enfant du siècle*. Au-delà des amours difficiles entre Octave et Brigitte, le roman exprime le désarroi de toute une génération. Après les épisodes de la terreur, puis ceux des guerres napoléoniennes, l'optimisme n'est pas de mise. Il l'est d'autant moins que le présent est d'abord incarné de manière tristounette par la Restauration (rien que le mot !), avec Louis XVIII et Charles X jusqu'à 1830, puis par la monarchie de Juillet avec Louis Philippe, jusqu'à la révolution de 1848. Ce dernier léguera à la postérité un adjectif, « louis-philippard », qui ne suscite pas l'enthousiasme et désigne une politique libérale pour la bourgeoisie et répressive pour le prolétariat. Quant à l'avenir, se profile déjà à l'horizon le Second Empire. L'espérance n'est pas vraiment à l'ordre du jour.

Les parents d'Alfred de Musset (né en 1810) avaient passé leur jeunesse en pleine terreur révolutionnaire, période suivie des guerres de l'Empire. Ces dernières, de 1799 à 1815 (Waterloo), firent un nombre de victimes qu'on évalue – hypothèse basse – à deux millions et demi, parmi lesquelles un million de civils. Une génération avant celle d'un « enfant du siècle », l'optimisme déjà ne coulait pas de source. « Un sentiment de malaise inexprimable, écrit Musset dès le deuxième chapitre, commença donc à fermenter dans tous les cœurs jeunes. Condamnés au repos par les souverains du monde, livrés aux cuistres de toute espèce, à l'oisiveté et à l'ennui, les jeunes gens voyaient se retirer d'eux les vagues écumantes contre lesquelles ils avaient préparé leur bras. »

Je suis convaincu qu'on pourrait poursuivre quasi indéfiniment ce voyage à rebours, sans doute jusqu'à la préhistoire. À quoi peut bien servir pareille « remontée », d'une génération à l'autre ? À vérifier une vérité toute simple : chaque société humaine et chaque génération nouvelle auront trouvé devant elles autant de raisons d'espérer que de désespérer. Si le péril semblait parfois plus menaçant que jamais, les moyens d'y faire face avaient progressé en proportion. C'est le cas aujourd'hui avec les cinq mutations enchevêtrées que nous devons affronter. Elles sont monumentales, mais nous sommes mieux armés que jamais pour y faire face. Les peuples savent d'instinct détourner ou *retourner contre elle-même* une technologie ou une adversité menaçante. Que l'on songe au réemploi des réseaux sociaux et du numérique en 2011 par les jeunesses arabes. Le fameux vers de Friedrich Hölderlin montre là son *exactitude* historique : « Quand croît le péril, croît aussi ce qui sauve » (*Wo aber Gefahr ist, wächst das Rettende auch*).

Retenons cette idée : de tout temps et en tous lieux – sauf cette béance de l'Histoire que fut la Shoah –, « le péril » et « ce qui sauve » furent à peu près équivalents. La désespérance n'est pas mieux fondée que l'espérance. Elle n'est ni plus sagace ni plus stoïquement lucide. Elle participe plutôt, osons le dire, d'une manière de lâcheté. En effet, pour une communauté comme pour un individu, l'espérance n'est pas seulement *reçue*, elle est *décidée*. En nous souvenant des grands « optimistes » de jadis qui ont été capables de faire bouger l'Histoire, il nous incombe aujourd'hui d'être aussi joyeux et aussi *déterminés* qu'ils l'étaient eux-mêmes.

Je sais que nous en sommes capables.

Table des matières

Imprimé en Espagne par
Liberdúplex
à Sant Llorenç d'Hortons (Barcelone)
en décembre 2013

POCKET - 12, avenue d'Italie - 75627 Paris Cedex 13

Dépôt légal : janvier 2014
S24719/01